全国高等院校跨境电商实训教材

总策划：南京瀚海 于斌

KUAJING DIANSHANG
YEWU LIUCHENG GENJIN SHIWU

跨境电商
业务流程跟进实务

主　编／何晴霞　王　梅
副主编／陈　婷　刘　艳

中国海关出版社有限公司

中国·北京

图书在版编目（CIP）数据

跨境电商业务流程跟进实务/何晴霞，王梅主编．—北京：中国海关出版社有限公司，2020.3
 ISBN 978-7-5175-0393-4

Ⅰ.①跨… Ⅱ.①何… ②王… Ⅲ.①电子商务—经营管理 Ⅳ.①F713.365

中国版本图书馆 CIP 数据核字（2019）第 219401 号

跨境电商业务流程跟进实务
KUAJING DIANSHANG YEWU LIUCHENG GENJIN SHIWU

主　　编：	何晴霞　王　梅
策划编辑：	史　娜
责任编辑：	吴　婷
出版发行：	中国海关出版社有限公司
社　　址：	北京市朝阳区东四环南路甲1号　　邮政编码：100023
网　　址：	www.hgcbs.com.cn
编 辑 部：	01065194242-7532（电话）　01065194231（传真）
发 行 部：	01065194221/38/46/27（电话）　01065194233（传真）
社办书店：	01065195616（电话）　01065195127（传真）
	http://www.customskb.com/book（网址）
印　　刷：	北京铭成印刷有限公司　　经　　销：新华书店
开　　本：	710mm×1000mm　1/16
印　　张：	14.25　　字　　数：256 千字
版　　次：	2020 年 4 月第 1 版
印　　次：	2020 年 4 月第 1 次印刷
书　　号：	ISBN 978-7-5175-0393-4
定　　价：	56.00 元

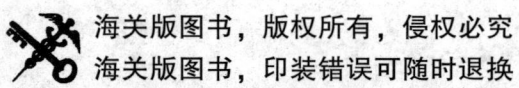

海关版图书，版权所有，侵权必究
海关版图书，印装错误可随时退换

前　言

随着国际贸易的飞速发展、全球经济的相互融合、跨境电商行业分工的逐步细化，所需要的业务人才更加专业化，同时要求掌握的外贸知识和技能更系统、全面。跨境电商业务流程跟进和处理已经成为外贸业务中的重要环节。在跨境电商业务实际操作中，由于业务员专业能力缺乏而引发纠纷并造成重大经济损失的案例屡屡发生，因此，业务员的工作能力和业务处理能力应引起外贸从业人员的足够重视。

本书紧密结合业务员岗位的工作流程，内容包含业务员的角色认知、工作流程，原材料的采购及生产排期，生产跟进过程中遇到的质量控制和问题处理，以及订舱出运的物流安排，报关的基础知识。整个业务过程是一个比较复杂且漫长的过程，涉及的环节很多，业务员需要做的工作也很烦琐。

本书系三江学院横向课题"《跨境电商业务流程跟进实务》教材编写及教学资源库建设"（合同编号：SJXY〔2018〕495）的建设成果，同时系2018年山西省教育科学"十三五"规划课题"地方高校商务英语专业与行业企业联合培养人才的模式探索与实践"（项目编号：GH-18082）以及运城学院教学改革项目"运城学院商务英语专业人才培养模式探索与实践"（项目编号：JG201604）的阶段性成果。

本书适合作为应用型本科院校相关专业的教材，并可作为社会从业人士的参考读物。参加本书编写的人员及分工如下：陈婷（第一章、第二章）、李垣菲（第三章）、何晴霞（第四章）、徐国庆（第五章）、秦娟（第六章）、祁晶（第七章）、刘艳（第八章）、王梅（第九章）。何晴霞、王梅负责全书的审核和审校。本书在编写过程中得到了三江学院外国语学院院长郑玉琪教授，南京瀚海企业管理咨询有限公司总裁于斌先生、总经理蒋海先生的指导、关心和支持，在此向他们表示感谢。鉴于本书编者学识水平及能力有限，书中难免有一些疏漏，真诚欢迎各界人士批评指正，以便再版时予以修正、完善。

编者

2020 年 2 月

目 录

第一章 认识业务员 ... 1

第一节 业务员的角色认知 ... 4
　　一、业务员的角色介绍 ... 5
　　二、业务员的工作特点 ... 6
　　三、业务员的主导意识 ... 6
　　四、业务员的素质要求 ... 7

第二节 业务员常见的工作流程及内容 ... 8
　　一、确认订单 ... 8
　　二、安排生产 ... 10
　　三、采购跟进 ... 11
　　四、生产过程跟进 ... 12
　　五、安排出货 ... 12
　　六、货物运输跟进 ... 13
　　七、后续整理 ... 13

第三节 业务员的工作要求及技巧 ... 15
　　一、很强的沟通和协调能力 ... 15
　　二、很强的时间管理能力 ... 15
　　三、较好的产品认知能力 ... 16
　　四、保持清醒的头脑 ... 16
　　五、良好的工作习惯和工作态度 ... 16
　　六、异常事件的及时处理 ... 17

第四节 课后练习题 ... 17

第二章 业务流程跟进前期工作 ... 19

第一节 供应商（生产企业）的选择 ... 21
　　一、核实企业法人登记注册情况 ... 22

二、解读供应商、生产企业财务审计报告 ················ 27
　第二节　样品准备工作实务 ································ 30
　　一、样品的重要性 ···································· 30
　　二、样品的主要种类 ·································· 30
　　三、样品准备工作中的注意事项 ························ 31
　第三节　合同、订单审查实务 ······························ 32
　　一、合同、订单的形式 ································ 32
　　二、审查合同、订单 ·································· 35
　　三、合同、订单的生效条件 ···························· 38
　第四节　课后练习题 ···································· 40

第三章　采购跟进和生产准备 ······························ 43
　第一节　采购的基本概念 ································ 45
　　一、采购 ··· 45
　　二、采购业务流程 ···································· 46
　第二节　采购模式 ······································ 49
　　一、集中采购和分散采购 ······························ 49
　　二、询价采购 ·· 52
　　三、即时采购 ·· 53
　　四、直接采购和间接采购 ······························ 54
　　五、招标采购 ·· 54
　　六、电子商务采购 ···································· 55
　　七、现货采购 ·· 56
　　八、远期合同采购 ···································· 57
　第三节　采购合同与订单管理 ······························ 57
　　一、签订采购合同的步骤 ······························ 57
　　二、采购订单的日常处理 ······························ 59
　　三、电子商务订单 ···································· 61
　第四节　生产的前期准备 ································ 61
　　一、原材料的入库和前期处理 ·························· 61
　　二、生产的前期安排 ·································· 63

第五节　课后练习题 ·· 64

第四章　生产跟进 ·· 67

第一节　过程质量控制 ·· 69
　　一、质量的概念 ··· 69
　　二、质量的范围 ··· 69
　　三、生产过程中需要注意的节点 ···································· 71

第二节　异常问题处理 ·· 73
　　一、异常问题的发现 ·· 73
　　二、异常问题的分析 ·· 74
　　三、异常问题的处理方法 ·· 75
　　四、异常问题总结 ··· 75

第三节　后期包装整理 ·· 76
　　一、产品包装的类型 ·· 76
　　二、出口包装的主要材料 ·· 77
　　三、出口包装纸箱跟单 ··· 79
　　四、部分国家出口包装环保要求 ···································· 84

第四节　产品检验检测 ·· 86
　　一、产品检验范围 ··· 86
　　二、产品检验的标准 ·· 86

第五节　课后练习题 ·· 87

第五章　订舱出运 ·· 89

第一节　船公司及货运代理的选择 ·································· 91
　　一、国际货物买卖中的运输方式 ···································· 91
　　二、国际货运基本知识 ··· 94
　　三、船公司 ··· 103
　　四、国际货运代理 ·· 104

第二节　订舱出货 ··· 107
　　一、询价选价 ·· 108
　　二、委托订舱 ·· 109

三、拖柜或发货 ………………………………………… 110
　　四、报关 ………………………………………………… 112
　　五、提单确认和提单 …………………………………… 113
第三节　物流跟进 …………………………………………… 122
　　一、快递跟进 …………………………………………… 122
　　二、海运跟进 …………………………………………… 124
第四节　课后练习题 ………………………………………… 127

第六章　进出境货物报关的基本知识 ………………… 129

第一节　报关的基本知识 …………………………………… 131
　　一、报关的含义及分类 ………………………………… 131
　　二、货物报关的基本内容及流程 ……………………… 133
第二节　关检融合与报关单数据的录入 …………………… 136
　　一、关检融合 …………………………………………… 136
　　二、报关单数据的录入 ………………………………… 137
第三节　课后练习题 ………………………………………… 149

第七章　制单结汇 …………………………………………… 153

第一节　制单结汇的步骤与常见的结汇单据 ……………… 155
　　一、制单结汇的步骤 …………………………………… 155
　　二、常见的结汇单据 …………………………………… 159
第二节　缮制单据 …………………………………………… 166
　　一、制单的流程和方法 ………………………………… 166
　　二、单证制作的要求 …………………………………… 168
第三节　如何审核单据 ……………………………………… 175
　　一、审核单据的方法 …………………………………… 175
　　二、主要结汇单据的审核要点 ………………………… 176
第四节　交单结汇及注意事项 ……………………………… 180
　　一、单据的交付 ………………………………………… 180
　　二、结汇的方式及其注意事项 ………………………… 182

| 第五节 | 课后练习题 | 184 |

第八章 外贸业务的法规与制度 ... 187
第一节 《中华人民共和国合同法》 ... 189
一、基本概念及基本原则 ... 189
二、合同的形式、内容及订立方式 ... 189
三、合同的效力及履行 ... 190
四、《中华人民共和国合同法》的适用范围 ... 190

第二节 《中华人民共和国货物进出口管理条例》 ... 191
一、基本概念及基本原则 ... 191
二、货物进口管理 ... 192
三、货物出口管理 ... 193
四、国有贸易和指定经营 ... 193
五、法律责任 ... 194

第三节 出口收汇核销管理条例 ... 194

第四节 《出口货物退（免）税管理办法》 ... 195
一、出口货物退（免）税的企业范围 ... 195
二、出口退（免）税的货物范围 ... 196

第五节 加工贸易货物管理制度 ... 197
一、基本概念 ... 197
二、加工贸易货物进出口、加工 ... 197
三、加工贸易货物核销 ... 198

第六节 对外贸易经营者管理制度 ... 198
一、基本概念 ... 198
二、对外贸易经营者资格管理 ... 198
三、国有贸易管理 ... 199

第七节 对外贸易救济措施 ... 199
一、基本概念 ... 199
二、贸易救济主要方式 ... 200

第八节 我国货物、技术进出口许可管理制度 ... 202
一、基本概念 ... 202

二、进出口货物许可管理类型 …………………………………………… 202
第九节　课后练习题 ……………………………………………………… 202

第九章　商品的质量标准体系及其组织 ………………………………… 205
第一节　国际标准化组织及其质量标准 ……………………………… 207
　　一、国际标准化组织 ……………………………………………………… 207
　　二、国际电工委员会 ……………………………………………………… 207
　　三、国际电信联盟 ………………………………………………………… 209
第二节　国际行业组织标准 …………………………………………… 209
　　一、美国材料与试验协会 ………………………………………………… 209
　　二、美国石油学会 ………………………………………………………… 210
　　三、美国保险商实验室 …………………………………………………… 210
　　四、美国电气制造商协会 ………………………………………………… 210
　　五、电影电视工程师协会 ………………………………………………… 211
　　六、美国机械工程师协会 ………………………………………………… 211
　　七、英国劳氏船级社船舶入级规范和规则 ……………………………… 211
第三节　国家（地区）标准组织及其质量标准 ……………………… 212
　　一、国家标准的含义 ……………………………………………………… 212
　　二、主要国家标准组织及其质量标准 …………………………………… 212
第四节　我国的质量标准体系及组织 ………………………………… 213
　　一、我国的质量标准体系 ………………………………………………… 213
　　二、我国标准的分类及标准代号 ………………………………………… 213
第五节　社会责任认证体系简介 ……………………………………… 215
　　一、社会责任标准的产生 ………………………………………………… 215
　　二、SA8000 适用范围 …………………………………………………… 216
　　三、认证标准 ……………………………………………………………… 216
　　四、SA8000 内容 ………………………………………………………… 216
第六节　课后练习题 …………………………………………………… 216

第一章 认识业务员

【本章重点】

本章的内容主要分为三大部分:业务员的角色认知、业务员的常见工作流程及内容和业务员的工作要求及技巧。第一部分介绍了业务员的角色、业务员的工作特点、业务员的主导意识以及业务员的素质要求。第二部分主要介绍了业务员日常的工作流程及内容,通过这些知识的学习,大家能够熟悉确认订单、安排生产、采购跟进、生产过程跟进、安排出货、货物运输跟进和后续整理。整个流程中的每个部分对于业务员和电商企业来说都是至关重要的。第三部分介绍了业界对业务员的工作要求。在日常工作中,业务员必须具备很强的沟通和协调能力、时间管理能力;拥有较好的产品认知能力;时刻保持清醒的头脑;必备良好的工作习惯和工作态度;同时,在遇到异常事件的时候能够及时处理,保证工作能够顺利开展。

【学习目标】

本章旨在让学习者了解业务员的角色、工作特点和素质要求。熟悉业务员常见的工作流程,从而掌握业务员的工作技巧。
通过本章学习,学习者能够掌握以下知识:
1. 了解业务员的工作特点和内容;
2. 熟悉业务员的工作流程;
3. 掌握业务员的工作技巧。

【基本概念】

业务员的角色介绍、工作特点、素质要求、工作流程及内容、工作要求及技巧

【建议学习时间】

本章学习需要六课时

第一章
认识业务员

 **开篇阅读**

小王大学毕业后顺利通过面试,进入他心仪的外贸公司任职。可是上班的第一天就被一大堆繁杂的琐事弄得不知所措,幸亏一位好心的前辈前来帮忙,给了不少指点,让他能够明确自己工作岗位的角色和内容,迅速融入工作环境。

他首先给自己订立了三个目标:一是定位业务员在公司的角色;二是了解公司业务员的工作流程;三是熟悉业务员的工作要求与技巧。与此同时,小王还发现了几件业务员必不可少的"武器"。

1. Office 软件

(1) Excel 表格

Excel 在办公室里的使用最为广泛,它可以插入图片、制作报表、计算函数,也是制作外贸单据最重要的软件之一。

(2) Word 文档

Word 一般适用于信件,因为 E-mail 有 HTML(用于描述网页文档的一种标记语言)的功能,所以办公室里很少用 Word,一般就是打印报告,写邀请函的时候使用一下。

2. 翻译软件

处理外贸问题难免会遇到一些语言上的障碍,一款高效实用的翻译软件自然是当仁不让的选择,但是目前网上提供的翻译软件大部分为直译,单纯依赖这些软件可能会出现歧义,因此大家仍然需要在必要的时候给客户做些具体解释。

3. ACDSee 软件

ACDSee 软件是一款看图、抓图、编辑图像的软件,大多数电脑爱好者都使用它来浏览图片,它的特点是支持性强,它能打开包括 ICO、PNG、XBM 在内的 20 余种图像格式,并且能够高品质地快速显示它们,甚至可以利于 ACDSee 来欣赏近年来在互联网上十分流行的动画图像档案。它还有一个特点是快,与其他图像观赏器相比,ACDSee 打开图像档案的速度无疑是相对快捷的。ACDSee 较新版本为 ACDSee Photo Studio 2019,其中包含 ACDSee Photo Studio Ultimate 2019、ACDSee Photo Studio Professional 2019、ACDSee Photo Studio Standard 2019 三款适用于不同专业人士的软件。同时分简体中文版、繁体中文版和英文版。大家可以根据自己的喜好自由选择。

第一节 业务员的角色认知

在外贸行业的各个岗位中，我们会发现很多种"员"工：外销员、跟单员、单证员、报检员、报关员等。对于外行来说最常听到的就是业务员了。这类工种存在于外贸类企业或者与外贸业务员有关的公司，它们之间并非完全独立，而是有着千丝万缕的联系，在日常工作中经常会有交流和配合。

外贸业务员指在进出口业务中，从事寻找客户、磋商交易、签订合同、组织履约、核销退税、处理争议等进出口业务全过程操作和管理的综合性外贸从业人员。本书中的业务员指的就是外贸业务员。

图 1-1 显示了外贸业务员的工作范围，这个工种既要熟悉外贸单证员的工作，又要了解外贸跟单员的业务，外贸单证员只负责外贸业务中的部分工作，他们的工作可以说是整个外贸业务中的个别点，而跟单员也只是负责整个外贸业务中的某一段，因此可以说外贸业务员是一名多面手。从图 1-1 中我们可以看出，外贸业务员是一个综合性较强的工种，其工作范围包含外贸单证员和外贸跟单员的所有日常事务，而外贸单证员的主要工作有审证、制单、审单、交单和归档等一系列业务活动，贯穿于进出口合同履行的全过程，只需要处理外贸业务中的某些方面，属于"点"型工作；外贸跟单员要在进出口贸易合同签订前后，围绕合同和单证对进出口业务及生产加工的部分和全部环节进行跟进与操作，协助完成贸易合同履行，属于"线"形工作。

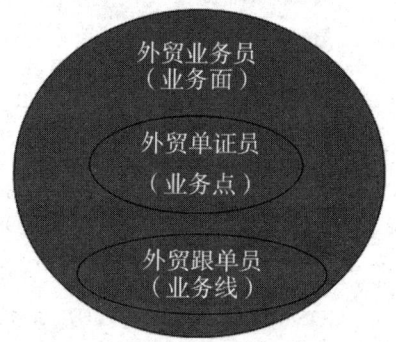

图 1-1　外贸业务员与外贸单证员、外贸跟单员的关系

第一章
认识业务员

一、业务员的角色介绍

在实际操作中，业务员有如下几种角色。

（一）打样员

要按客户的要求，书面详细列出打样单，及时安排好打样。打样单上应严格明晰四大要素：货号、原料、颜色搭配和做法。打样单的格式应严格参照大货订单格式，即货号、颜色、数量应列出表格，而不能是其他的任何格式。打样单应由外贸部经理签字后，方能安排打样；外贸部经理不在时，由外贸部经理指定的人签字。如涉及××模、五金模具是否要开，应请示外贸部经理。如打样需新购原料或辅料，应书面通知采购部购买。如采购过程中涉及最少起订量的，应马上向外贸部经理汇报，由外贸部经理决定如何处理。样品完成后，应仔细审核样品，寄出前，必须拍照存入电脑档案。如果是新客户，样品是否向客户收费、收多少、快递费是预付还是到付，需请示经理，由经理决定。总的原则是：如果是少量样品，样品免费，运费到付；如样品数量较多，应考虑样品收费，运费到付。

（二）核价单的把关员

业务员要精确地报出美元销售价格，就要对核价单进行严格审核。一般情况下，核价单只要掌握两种即可：一种是"一般贸易核价单"；另一种是"进料加工核价单"。核价单原则上是由计划部提供的。业务员在向计划部索取核价单时，应拿到 Excel 的电子格式，而不是纸张打印件。拿到计划部提供的核价单后，业务员应逐字逐行进行审核，检查是否有任何可能的差错，特别是要能看出明显的错误。

（三）客户的联络员

样品寄给客户之后，应在快递网页上查阅客户是否已经收到样品，确认客户收到样品后，应立即发信给客户，非常客气地询问客户对样品的评价，询问客户是否有下订单的可能。业务员应始终牢固树立"订单就是命令"的企业理念。客户下订单后，业务员应在第一时间整理出中文订单，并立即下发到有关部门，放下手头其他并非万分要紧的事情，全身心投入到对客户订单的分析，围绕"货号、原料、颜色搭配、做法"四个要素，与打样时的最后确认样核对（必要时要再次与打样间沟通）。如有客户交代不清的，应立即发电子邮件与客户书面确认。客户确认后，立即打印出中文订单并下发。从收到客户原始订单到中文订单下发，整个过程最长不能超过48个小时。如果期间业务员正好轮到休息，则须无条件调休。如客户原始订单有交代不清的，业务员发电子邮件后，客户在上班时间的四个小时内没有回复的，此时业务员应立即做两件事：第一，打电话给客户，催促客户尽快书面回复；第二，口头向外贸部经理汇报，讲明情况，如外贸部经理提出新的建议，立即按经理的要求去做。

二、业务员的工作特点

一名合格的业务员就像一个十项全能运动员一样，他的工作几乎涉及业务的所有环节，从寻找客户、贸易磋商、签订合同、组织履约、核销退税、处理争议等进出口业务全过程中都有业务员的身影。

业务员的工作具有以下特点。

（1）责任大。外贸业务的工作是建立在订单与客户之上的，因为订单是企业的生命，客户是企业的上帝，失去订单与客户将危及企业的生存。因而，做好订单与客户的工作责任重大。

（2）沟通和协调十分重要。外贸业务工作涉及企业的各部门，为了使订单顺利完成，必须依靠沟通来协调跟进客户、计划部门、生产部门等的订单信息。

（3）做好客户的参谋。外贸业务员掌握着大量的客户资料，对他们的需求比较熟悉。同时也了解工厂的生产情况，因此对客户的订单可以提出意见，便于客户订货。

（4）工作节奏多变、快速。业务员所面对的客户来自五湖四海，他们的工作方式、作息时间、工作节奏各不相同，因此，外贸业务员的工作节奏应是多变的。另外，客户的需求是多样的。有时客户的订单是小批量的，但却要及时出货。这就要求外贸业务员的工作是高效的。

（5）工作是综合性的。业务员的工作涉及企业所有部门，由此决定了其工作的综合性。对外执行的是销售人员的职责；对内承担的是生产管理协调。所以外贸业务员必须熟悉进出口贸易的实务和工厂的生产运作流程。

三、业务员的主导意识

主导意识就是全局观念。业务员要对自身所处的环境、担负的任务以及产生的结果有深刻的了解，这样工作时自我的主导意识就会很强。比如一个球队，每个队员都有自己的位置，但如果队员们只顾自己的位置，这个球队一定很糟糕。因此，球员们必须有全局观念。

作为外贸业务员，必须有主导意识，心中要装着大目标，要有全局观念，每个人的工作只是整个工作链中的一部分。而不是以某一个人、某一个部门来评定。因此,在日常工作中,心中要把工作环节涉及的人看成是自己的部下,这并不是说你就是领导,而是要给他们布置任务、明确目标、提供条件。你的目标很明确:就是对最终结果负责。所有工作以最终结果、最终目标为指导思想。

四、业务员的素质要求

一名合格的业务员应具备如下基本素质及专业素质。

(一) 基本素质

1. 外贸素质

外贸素质是指对外贸流程的精通程度。外贸业务员首先应该熟悉从寻找客户到最后交单退税的整体流程,能够草拟标准的传真及信函,能够独立完成信用证的审核,根据信用证缮制正确的出口单证,这样才能把握住每一个环节不出现漏洞。同时熟悉常用的办公软件,例如,Word、Excel、Photoshop、Powerpoint、Outlook 等;能够使用传真机、复印机等办公设备。

2. 外语素质

外语口语与书面表达良好,与客户能够进行业务沟通。

如今外语人才队伍日益扩大,而外语水平低的新人很难再找到一份外贸工作了。不过也不要被吓到,这里要求的外语素质也仅限于简单的听说读写。

3. 产品专业素质

产品专业素质是指业务人员对现在从事的产品的了解程度。业务员通常会遇到向客户介绍产品的性能、品质、描述等问题,这就要求我们要有过硬的产品专业素质。

关于这一点,对于没有从事过外贸工作的新人,建议去找一个产品熟悉一段时间,有的放矢,这样找工作的时候就会游刃有余了。

4. 吃苦坚韧的素质

在商贸合作中,为了赶货,经常要和供货商(原料和附件的生产厂家)打交道,这些供货商经常提出不同的要求,打乱你原来的出货计划。所以,业务员要经常奔波于他们之间,敦促他们按时交货。这个工作非常辛苦。需要有吃苦耐劳、坚持不懈的精神。

5. 诚信素质

诚信和信誉在商贸合作中非常重要,建立起良好的信誉无疑是业务发展的最有力的保障。

6. 法律素质

学习有关国际经济法和商业合同法等方面的知识,为防范国际贸易中的欺诈行为做一定的知识准备。

（二）专业素质

（1）熟悉本企业的产品，掌握生产流程；对产品品质能够准确做出判断；对产品的主要材料有一定的了解；能够独立准备一份公司产品样本供参考；能够草拟一份专业的报价单；熟悉企业运营方式和组织机构构成。

（2）熟悉竞争对手的产品；对所处的行业有正确的认识；对国外的同类产品有详细的了解。

（3）对相关的产品测试标准有完整的了解。

（4）能够从客户的语气里面，判断出客户的意图。

（5）能够对客户的来访提前做出接待安排；能够独立带领客户参观企业；能够巧妙地回答客户的问题。

（6）对出口货物操作有实际的经验。

（7）能够独立向客户介绍产品、公司，并且正确、专业地回答客户提出的问题。

（8）对出口货物包装及标志能够有专业的设计观念，确保符合出口货物的需要。

（9）对于正在执行的国外订单，要提供详细的生产计划通知单给生产部门及相关部门。

第二节 业务员常见的工作流程及内容

对业务员岗位角色有了基本的理解后，接下来要学习的是跨境电商业务员的基本工作流程，这个流程一般可以分为接单（确认订单）、安排生产（执行订单）、采购跟进、生产过程跟进、安排出货等阶段。

一、确认订单

一份订单的确认需要经过与客户进行交易磋商的过程，称为交易谈判，即买卖双方就交易条件进行谈判，从而达成协议。交易谈判有两种形式：口头谈判和书面协商，可以通过电子邮件和其他一些通信媒介进行商议。内容包括商品的名称、品质、规格、数量、价格、包装、运输、保险、支付方式、索赔、不可抗力和仲裁等。

交易磋商一般分为以下四个环节：询盘、报盘、还盘和接受。其中报盘和接受为必不可少的两个环节。

（一）询盘

询盘又叫询价，是指交易的一方向另一方探询买卖某种商品的各项交易条件所做的表示，询价可由买方提出，也可由卖方提出；可以口头的形式提出，也可以书面的形式提出。收到询价后卖方通常会发出报价，以便进一步商议交易条件。询价的目的就是请对方做出报价，一般在实际工作中比较多地通过互联网以电邮的形式来操作。

（二）报盘

报盘通常也会被称为发盘或要约，是指买方或卖方向对方提出各项交易条件，并愿意按照这些条件达成交易，是订立合同的一种确定的表示。在实际业务中，发盘通常是一方在收到另一方的询盘后做出的。按照法律约束力的不同可以将发盘分为实盘（有法律约束力和有确认时间限制的发盘）与虚盘（无法律约束力和无确认时间限制的发盘）。按国际贸易惯例，一方所发实盘（要约）在有效期内被对方无条件接受，合同即宣告成立。因此，报盘，特别是报实盘，是一件严肃的商业行为，要承担重大的法律责任，必须认真对待，通常要规定报盘的有效期。

构成报盘的要件：一是发盘内容必须明确，必须标明货物的名称，明示或默示规定货物的数量或规定数量的方法，明示或默示规定货物的价格或规定确定价格的方法；二是要表明受盘人接受发盘人即受约束的意思，如果发盘人只是就某些交易条件或意见与对方进行磋商，而根本没有受磋商内容约束的意思，则不能被视为是一项发盘。

（三）还盘

还盘又被称为还价或反要约。还盘是指受盘人部分不赞成或完全不同意发盘提出的各项条件，并提出了修改意见，建议原发盘人再考虑，即还盘是对发盘内容进行添加、限制或其他更改的答复。受盘人的答复如果是实质上将发盘条件变更的话，就构成对发盘的拒绝，其直接的后果是否定原发盘，那么原发盘即告失效，原发盘人就不再受其约束。一笔交易往往经过反复讨价还价，才能成交。从法律上讲，还价构成对原发价的拒绝，同时还价一方会做出新的发价。在这种情况下，原发价人如果愿意与对方进一步洽谈，可以针对还盘（新发价）提出自己的还盘，如认为差距太大，则可终止磋商。与还盘同时进行的工作还有样品的确认。样品是业务流程中不可缺少的一部分，是前一步工作询价及讨价还价的后续工作，是订单确认的前奏。

在样品方面，业务人员要做以下工作。

(1) 辨析客户索样意向。
(2) 与样品制作部门进行沟通，保证寄出的所有样品符合要求，质量令客户满意。

客户对样品的不满意一般表现在以下几个方面：
第一，产品不符合客户要求。例如，颜色、结构、包装等。
第二，产品质量有问题。
第三，根本不是客户需要的样品。

(3) 确认样品制作细节，合理使用样品制作部门的资源。
(4) 样品完成时间是体现企业能力的一部分。
(5) 当样品制作完成后，业务员必须对其进行检查，以确保其各项细节都符合客户要求。
(6) 样品制作进度和情况需向客户反馈，让客户了解样品正在制作过程中。
(7) 样品制作完成后需记录样品的主要参数并拍照后寄出。

（四）接受

接受又称作承诺，是收到发价的一方对所提各项交易条件表示同意，发价一旦被对方接受，双方就达成了协议，合同即告成立。在外贸实务中，双方达成协议之后，往往还需要起草正式的书面合同并发给客户签字且盖章确认，书面合同有时可以采用形式发票来代替，并在发票上面注明客户名称、产品型号、产品数量、单件、总金额、价格术语、付款方式、交货期、包装方式和运输方式等一切必要内容。在多数情况下，合同需要复印几份，业务员自己一份、跟单员一份、财务部门一份、生产部门一份、总经理一份。客户确认无误签字返回后，即可安排生产。

二、安排生产

跟客户确认了订单之后，第一种情况为：外贸公司业务员或专门的采购员将下订单给其供应商，跟供应商签订采购合同。第二种情况为：工厂的业务员会根据客户的要求制作公司内部格式的生产任务单，经过一定程序后，下发至生产部，交给生产部组织安排采购原料和生产。业务员要将所下发的生产任务单留底，并把订单主要信息输入到自己的工作表格中，以便及时跟进。就工厂的情况来讲，生产任务单主要是为了工厂内部安排生产的，所以有别于正式订单。通常，生产任务单一定要包含以下几个信息。

(1) 订单号码：在生产任务单上要标明简单明了的、统一的订单号码。在外贸出口中，往往会出现很多的重要号码，若编制方法无规律，将会对业务员工作产生极大的困扰，引起混淆。因此，一套成体系的号码编制方法显得尤为重要。

号码的编制方法多种多样，无论通过什么方法来编制，都要有很强的规律性，不仅方便客户也要照顾自己的工厂，最好的方法就是在规范编写的基础上统一编制号码。

（2）产品型号或规格：在生产任务单上要列清产品的详细信息。按照客户的要求，将产品的型号、规格（包含大小尺寸、颜色、性能等）、数量等一切产品的必要信息在生产任务单中写明，业务员必须认真检查，以免出现与客户订单不符的错误，给企业带来不必要的损失。

（3）包装要求：在下达生产任务单时提前与客户确认，写上包装要求，以便相关部门的后续操作。

（4）日期：包括下单日期和交货日期。

（5）交货地点：交货地点一般为送到货运代理指定的仓库。

（6）付款方式：在国际贸易中常见的付款方式为T/T（电汇）、D/P（托收，付款交单）、D/A（托收，承兑交单）、L/C（信用证结算）等。

（7）其他注意事项：一般会注明各种需要注明的事项。

（8）相关人员签字：生产任务单下发到各生产部门前，须取得各相关部门的签字认可。

三、采购跟进

原料的采购问题，很多公司都会有专门的人员负责，例如采购部，由这些部门向自己的上游供应商采购必需的原料或者零件。业务员需要与相关的负责部门及时保持联系，确保所有必需的原料或零件能按时、按质、按量送到公司的仓库，为随后的大货生产做好准备。

业务员必须知道，某个订单需要采购的原料或零件的具体情况，如这些原料或零件应向哪个供应商采购、具体的数量种类和交期等信息。最好是要按订单做出各种表格，便于实时跟进生产进度。

从表1-1中我们可以看出，各个订单所用的原料名称、数量、提供原料的供应商以及发货时间和到货情况，这样便于业务员掌握信息，跟进后续的生产情况。

表 1-1 原材料采购跟进表

订单号	原料名称	供应商	数量	发货时间	到货情况	备注

原材料采购跟进表仅为一个简单的例子，业务员必须根据自己实际工作的需要，设计出包含所有必要信息的表格。只要打开表格，就可以清晰地看出各个订单的进展情况，了解每日的工作内容，另外所有的工作进程都必须记录到表格中。

当原料送抵工厂时，业务员要组织相关人员安排检验，核对数量是否正确、质量是否有不良情况，如部分原料有质量问题，必须及时采取补救措施，以确保后面的大货生产不会出现任何问题。

四、生产过程跟进

跟进生产过程一是为了解生产进度，二是为了防止产生重大质量问题，其目的最终都是为了顺利地完成生产。

当原料或其他所需都准备好后，就要开始安排大货生产或产品组装。业务员需要确认这个日期是否与原计划安排的日期有出入。业务员还需要不定期去生产线上观察是否有较大的生产问题发生，如果发现小问题可以督促操作工自行处理，超出操作工能力范围的，需要寻求生产部门技术人员的帮助。

五、安排出货

生产完成以后，就要进行检验和包装。检验一般分为厂检、客检和第三方检验。首先是厂检，按照自己工厂制定的检验标准进行检验和统计，排除产品中明显的次品。将初步检验合格的产品按照客户的要求进行包装，统计数据后入库并做好记录。

其次是客检，有些国外客户在国内有代表处，专门负责采购订单的协调、跟进和检验等。如果客户在国内有外贸公司，一般会有专门的 QC 部门（质量控制，也称验货人员）过来验货。因此，业务员要适时与客户预约，安排验货。有的客户为了控制质量还会安排多次质量检查。

最后是第三方检验，第三方检验通常是指介于买方和卖方中间，由第三者公司或个人提供的检验服务。国外客户在中国工厂采购货物，但他们又不能亲自来中国检验他们的货物，于是他们就委托第三方公司或者个人对商品进行检验，通过第三方提供的报告来判断货物是否符合自己的购买要求。

检验合格后，要根据合同要求，按时安排出货。

六、货物运输跟进

生产完成后，仓库相关人员把入库数据传送至业务部，业务员需要根据此数据准备和制作报关所需资料。一般需要做好商业发票（Commercial Invoice）和装箱单（Packing List），做好之后统计出件数、毛重和体积等一切数据，并将其与外销合同（跟客户之间的订单）进行核对，核查预出货的数据是否与合同相符。

订舱前还需要确认船公司、船名及航次等，查看是否符合要求，订舱之后要回复跟进货运代理，看舱位是否订好。船离开以后，要随时关注整个航程是否有异常情况发生，货物是否能按预计的时间到达目的港。

七、后续整理

拿到提单后，要准备资料给客户付款和清关，同时还要密切跟进船的动态，确认中间停靠的港口有没有耽误时间，是否能按原来预计的时间抵达目的港。

（一）T/T

T/T（Telegraphic Transfer）指电汇，即汇付的一种付款方式，是指由汇款人或付款人将一定金额的汇款及银行手续费付给当地汇出行，委托银行用电报、电传或电话的方式通知国外收款人所在地的分支行或代理行（汇入行）将汇款付给收款人的一种汇付方式。采用电汇方式，出口人可以迅速收到货款，一般当天或隔天即可收到。

通常我们将T/T分为：前T/T（预付货款）和后T/T（装船后或收货后付款）。而前T/T又分为：生产前预付款，收款后安排生产；发货前付款，收到款项后装船发货。后T/T又分为：付款买单，传真提单给客户，客户付款后寄出所有单证；客户收到所有单证，在规定的时间内付款。电汇（T/T）属商业信用，使用最为广泛。

目前，通用的T/T付款方式一般有三种：

（1）前T/T，也就是我们通常说的100%预付，这种付款方式对卖方最有利，当然一般在实际操作中很少使用。

（2）30%T/T预付、70%T/T见到副本提单后付款。对有些见到副本提单即提货的国家要特别注意，风险比较大。

（3）后T/T，这种方式对买方最有利，一般只对金额少且信誉好的客户，但最好不用。

T/T 流程一般是接到客户订单，做好发票，等收到客户订金就可以下生产任务单，确认交货期，在此过程中与客户确认唛头、尺寸等。发货后拿到提单副本即可传真或扫描给客户，要求付款。收到账款再放单。

（二）D/P 或 D/A

D/P（Document Against Payment）指付款交单，是跟单托收方式下的一种交付单据的办法，指出口方的交单是以进口方的付款为条件，即进口方付款后才能向代收银行领取单据。分为即期交单（D/P at sight），是指出口方开具即期汇票，由代收行提示进口方，进口方见票后即须付款，待货款付清时，进口方取得货运单据。远期交单（D/P after sight or after date），是指出口方开具远期汇票，由代收行提示进口方，经进口方承兑后，于汇票到期日或汇票到期日以前付款赎单。

D/A（Document Against Acceptance）指承兑交单，是在跟单托收方式下，出口方（或代收银行）向进口方以承兑为条件交付单据的一种方式。所谓"承兑"就是汇票付款人（进口方）在代收银行提示远期汇票时，对汇票的认可行为。承兑的手续是：付款人在汇票上签署，批注"承兑"字样及日期，并将汇票退交持有人。不论汇票经过几度转让，付款人须于汇票到期日前凭票付款。

（三）L/C

信用证，是指银行根据进口人（买方）的请求，为出口人（卖方）开具的保证承担支付货款责任的书面凭证。在信用证内，银行授权出口人在符合信用证所规定的条件下，以该行或其指定的银行为付款人，开具不得超过规定金额的汇票，并按规定随附装运单据，按期在指定地点收取货款。一般信用证支付的程序是：

（1）进出口双方当事人应在买卖合同中，明确规定采用信用证方式付款。

（2）进口人向其所在地银行提出开证申请，填写开证申请书，并交纳一定的开证押金或提供其他保证，请银行（开证银行）向出口人开出信用证。

（3）开证银行按申请书的内容开具以出口人为受益人的信用证，并通过其在出口人所在地的代理行或往来行（统称通知行）通知出口人。

（4）出口人在发运货物，取得信用证所要求的装运单据后，按信用证规定向其所在地行（可以是通知行，也可以是其他银行）议付货款。

（5）议付行议付货款后，即在信用证背面注明议付金额。

第三节 业务员的工作要求及技巧

要想成为一名合格的业务员并非困难重重,但是仍然需要从业人员多多努力,除具备一定的工作能力之外,还要掌握一定的工作技巧,下面是对业务员工作要求和技巧的几点总结。

一、很强的沟通和协调能力

业务员的工作涉及面广、工作跨度大,可能会与各个部门打交道,要面对的人和事比较多,此时强大的沟通和协调能力就显得非常重要。能力较强的业务员在客户和公司之间、在公司内部各个部门之间都能做到游刃有余,处理事情也会得心应手。即便遇到棘手的问题,经过努力,都能找到合理的解决办法。如果沟通能力欠缺,处理不好与公司内部的关系,与其他部门的配合自然不会协调,将在很大程度上影响业务的开展。

业务员职位不高,但是权力大,因为业务员是各个订单的管理者,要跟进订单流程的每个环节。相关部门都要与业务员配合,必要时还要听从业务员的指挥。很多部门不理解业务员的工作,认为他们是在越权管理,有些部门不属于他们的管辖范围,在很多时候会表现得不太配合。这时业务员就必须有沟通能力去说服他们,谁对其不负责,就是对订单不负责,也是对公司不负责。若你的想法或思路是正确的,就要坚持,你指出别人的错误,他们也会心服口服。同时,你不要因为别人指出你的错误而不敢前进,不要觉得没有面子。在很多方面,别人比你懂得更多,他们指出你的错误你才能进步。

虽然有时在工作中业务员要加强沟通,但是一定要注意技巧,包括称呼、礼貌、说话语气和方式等各个方面都要注意。而且在平时的工作中和下班的时候,都要注意与不同部门之间做好相关的非工作交流和沟通,建立一定的感情。

二、很强的时间管理能力

业务员一定要有非常强的时间观念和时间管理能力。在给客户报价和确认订单时,会确定一个具体的交期,一旦订单确定以后,工厂就要开始备料准备生产。一般产品的生产需要经过以下几个过程:原材料的采购、原材料的按时处理、大货生产、产品的后期检验和包装、准备出货。

业务员要跟进的范围很大,环节也很多,为了确保订单能按合同约定的交货期限顺利出货,每个环节都应该合理地分配相应的时间,每个环节都要有"控制点",整个流程都要严格按照计划来执行,不能想到什么地方就做什么地方。单从时间方面来看,如果你仅仅关注一个最后的完成日期,那么如果中间环节出现问题,你就不能及时发现,或者当发现的时候,时间已晚而无法及时修正。环节划分得越多、越清晰,控制点就越多,时间管理的力度要求就越大,出现问题也就能尽早处理,这样才能保证各个订单的交期按时完成。要紧紧掌握各个控制点是否按时完成,如果没有完成,要找出问题并及时采取措施解决,否则就会影响订单的最终交货日期。

三、较好的产品认知能力

业务员必须对自己的产品了如指掌,包括产品的生产过程、产品的规格、产品的性能、产品的成本核算和报价等。如果对产品不熟悉,就很难发现生产中出现的问题;如果不熟悉产品,就很难说服其他人,或者很难判断其他人的信息是否正确,这样会处于被动的局面。同时,如果对产品不熟悉,当某个环节出现了问题,就会束手无策,无法提出改进意见。

四、保持清醒的头脑

业务员接触的订单非常多,各个订单规格都有所不同,下单时间不同,各个订单所处的状态不同。因此,业务员每天都要保持清醒的头脑,各项工作都要井然有序。知道什么事情是最急的,什么是最重要的,分清轻重缓急。有时经常会出现这种情况,如混淆同一个客户的不同订单、同一个订单的不同型号、不同订单的同一个型号等。公司有不同的产品,每种产品都有不同的供应商,每个供应商都有很多不同型号的产品订单在操作,而且这些订单都处于不同的进度,如果我们没有一个清醒的头脑,就会感到工作非常烦琐、混乱。

五、良好的工作习惯和工作态度

一名优秀的业务员一定要有端正的工作态度,平时工作必须非常认真、细致,因为稍有不慎就会出错。还要养成一个良好的工作习惯,要学会使用各种常见的办公软件,学会设计各种各样的表格来记录自己的日常工作内容,这样才不会有遗漏。工作中常用的软件就是 Excel,每个跟单员都要结合自己的工作内容和性质,设计和建立各种相关的表格,按部就班地完成每一项工作。每个细节不仅要做到心中有数,而且要记录在表格中。刚开始做这些表格时可能会不习惯。第一,因为事情少,觉得没有必要,自己能记住。但是事情多了，想要全部记住是根本不可能的，而且时间久了，再想要回忆起以前的事也不容易。第二，刚开始时可能会觉得每天做这些记录很烦琐。但是只要习惯了，做的时间长了之后，就会发现非常有必要。通过表格，你的工作进度和状态就会一目了然。

六、异常事件的及时处理

业务员的工作环节比较多，每个环节都可能出现问题。不及时发现和更正的话，就会影响订单的质量或交期，从而影响客户对公司的形象的认可度。

如果某些环节出现异常情况，业务员要及时提出，要求相关人员及时改正，并提醒其他人员注意这些问题，如果出现了比较严重的问题，就要找到相关负责人，进行及时有效的处理。当异常情况比较大时，为了及时处理，找对人尤为重要，要找对负责人、相关级别的领导，迅速高效地将问题解决，不要小题大做，也不要避重就轻。所以，为了使各种异常情况能够顺利解决，要找对人，花最少的时间，以最快的速度、最高的效率来处理。

第四节 课后练习题

一、单项选择题

1. 关于跟单员，以下说法错误的是（　　）。
   A. 跟单员是专职人员　　　　B. 跟单员不是专职人员
   C. 跟单员是业务助理　　　　D. A 和 C 正确

2. 交易磋商包括四个主要环节，其中必不可少的两个基本环节是（　　）。
   A. 询盘和发盘　　　　　　　B. 发盘和还盘
   C. 还盘和接受　　　　　　　D. 发盘和接受

3. 外贸公司跟单的基本流程是（　　）。
   A. 订单与接单、跟进生产、出货跟进、售后服务、统计资料
   B. 接到客户订单、审单并开出形式发票、客户确认形式发票、工厂备料生产、工厂出货报送、交单
   C. 选择生产商、签订收购合同、备妥货物、查货、商检、租船订舱、货物进仓、报关出口、货款到账

D. 推销产品、签订合同、生产货物、查货、商检、租船订舱、货物进仓、报关出口、货款到账

4. 根据法律、行政法规或当事人约定采取书面形式订立合同，当事人未采用书面形式，但一方已履行主要义务，（　　）。

A. 合同成立　　　　　　B. 合同未成立　　　C. 还盘

5. 跟单员工作是一种综合性的工作，但是在工作过程中最重要的是（　　）。

A. 接待客户并向客户提供公司最新的产品

B. 物料的采购，并及时把物料跟进入库

C. 做好出货事宜，特别是对出货的跟进、报关等

D. 对货物的质量进行跟进和对交货期的把控

二、判断题

1. 生产企业跟单是指企业根据贸易合同约定的品质、包装和交货时间的规定，选择生产企业，进行原料、品质、包装和生产进度的跟单，按时、按质地完成交货任务。（　　）

2. 对于外贸业务经理来说，业务员是协助他们开拓国际市场、推销产品、协调生产的业务助理。（　　）

3. 审核信用证与业务员没有关系。（　　）

4. 全程跟单是指"跟"到货款到账、合同履行完毕为止。（　　）

5. 中程跟单是指"跟"到指定出口仓库为止。（　　）

三、简答题

1. 简述业务员的角色。

2. T/T 付款方式有哪些？

3. 简述业务员的基本素质和专业素质。

4. 简述信用证的含义。

5. 客户对样品不满意一般表现在哪几方面？

 # 第二章　业务流程跟进前期工作

【本章重点】

本章的主要内容为三个部分：供应商（生产企业）的选择、样品准备工作以及合同和订单的审查。这三个部分联系紧密，大家学习完本章知识后会对业务流程跟进的前期工作有全面的了解。一名合格的业务员首先需要解读供应商、生产企业财务审计报告；核实企业法人登记注册情况；了解企业生产经营能力及经营条件，同时测算企业实际生产能力。其次要明白样品的重要性；了解样品的主要种类和样品准备工作中的注意事项。最后一点是合同和订单，这部分介绍了合同和订单的形式及生效条件，使学习者掌握合同与订单的审查。

【学习目标】

本章旨在让学习者了解如何从各种供应商（生产企业）中做出选择，熟悉在样品准备工作中的所需知识及注意事项，掌握对合同及订单审查的流程。

通过本章学习，学习者能够掌握以下知识：

1. 了解选择供应商（生产企业）；
2. 熟悉样品准备工作；
3. 掌握合同、订单的审查。

【基本概念】

　　供应商的选择、核实企业法人登记注册情况、财务审计报告、了解企业生产经营能力及经营条件、测算企业实际生产能力、样品的主要种类、样品准备工作中的注意事项、合同、订单的形式、订单的生效条件

【建议学习时间】

　　本章学习需要四课时

第二章
业务流程跟进前期工作

 **案例导入**

中国广东DC公司新接了一笔业务,对方公司要求在三个月内提供一批手工刺绣真丝连衣裙,业务员小王立刻对供应商(服装厂)进行调查筛选,但是小王对前来供货的服装厂并不是非常了解,请问小王该如何选择最佳供应商呢?选好供货商以后又该如何跟进呢?

要想做好跨境电商业务,必须在交易前做好前期的准备工作,一个连自己公司的基本情况和产品都不熟悉的业务员是无法赢得客户的信任,无法将产品成功地推销给客户的。与此同时,作为一名合格的业务员,必须很好地了解各个阶段的合作伙伴,同时做好一切交易前期准备。

第一节 供应商(生产企业)的选择

电商企业要想维持正常的业务,必须要有一批可靠的供应商为其提供各种供应。在选择供应商时,业务员应该尽可能详细地收集资料,按照客户的需求严格筛选合适的交易对象,并与之建立业务关系。供应商是指那些向买方提供产品或服务并相应收取货币作为报酬的实体,是可以为企业生产提供物料、设备、工具及其他资源的企业。供应商可以是生产企业,也可以是流通企业,而本书提到的供应商是指生产企业。通常生产企业的类型可以分为以下三种。

第一,需求计划型企业。需求计划型企业指的是企业根据产品的销售数量、增长速度等市场情况进行销售预测,并依此决策来设定生产存量和计划生产。该类型企业的优点是:在人力、物料和设备上有充分的准备,因此能调节旺季与淡季的人工数量,人工使用较为稳定,产品质量相对有保障。与此同时,企业有一定的库存,可以防备旺季时的产能不足,有提前交货的可能性。其缺点是:如果销售预测做得不够准确的话,会造成产品滞销,可能会危及企业前景。

第二,订单计划型企业。订单计划型企业是指接到客户订单后,才安排生产的企业。该类型企业的优点是:根据订单采购原材料、安排生产、配备人工和机器设备，一般情况下不会出现产品滞销的情况。而其缺点为：容易造成人力需求上的大起大落，机器设备的利用率不够固定，可能会出现旺季时的产能不足，导致延误交货。

第三，计划、订单混合型企业。计划、订单混合型企业是指以需求计划和订单生产型相结合为依据的生产企业。该类型企业的优点是：在生产安排方面可以互补。当产品销售出现停滞时，工厂立刻开始做订单产品，当订单出现空缺时，企业可以生产销售自己的产品。其缺点是：当订单过多时，需要扩大生产规模，这极有可能挤压计划产品的生产，反之亦然。

选择合适的生产企业极为重要，因为这直接关系到生产企业能否按时、保质、保量完成订单，为电商企业避免或降低经营风险，这一切都需要业务员在其中灵活操作。选择合适生产企业的途径有以下几点。

(1) 浏览商务网站或通过阅读新闻媒体的介绍对商品生产企业进行搜索，获得企业和相关产品的信息。

(2) 参加国内外的商品展销会或订货会，直接了解企业和相关产品的信息。

(3) 通过国内外各种政府或民间商会组织或行业协会获得企业和相关产品的信息。

(4) 查阅厂商名册和通信黄页，寻找企业和相关产品的信息。

(5) 通过贸易伙伴的推荐和介绍掌握企业和相关产品的信息。

一、核实企业法人登记注册情况

企业法人工商登记注册事项包括：企业法人名称、住所、经营场所、法定代表人姓名、经济性质（注册类型）、经营范围、经营方式、注册资本、实收资本、从业人数、成立时间、营业期限、分支机构等情况。营业执照上载明企业的名称、住所、注册资本、实收资本、经营范围、法定代表人姓名等事项。

核实企业法人登记注册情况，任何个人或组织都可以到当地工商注册管理部门查询。工商部门对企业注册登记表上的几十项内容是开放的，个人查询也可获得较为全面、真实的情况。但对于查询企业注册、变更的全部文件档案，需要办理相关批准手续。许多公司在这一问题上都有深刻的教训，在实际工作中许多企业或经营人员忽视利用这一手段，往往只请有关企业自行提供营业执照复印件等，有的获得的营业执照等复印件已被人为修改过，会给今后的业务发展埋下隐患。业务员要十分重视这项基础工作，掌握被调查企业的工商注册登记情况，这有益于真实了解被调查企业现状和业务规模，从而降低经营风险。因此，业务员必须完成如下工作。

（一）核实营业执照

国务院《无照经营查处取缔办法》规定任何单位和个人不得违反法律、法规的规定从事无照经营。除国家法规政策明确可以无须办照的以外，从事营利性经营活动的，应当办理营业执照。营业执照是企业或组织具有合法经营权的凭证。"企业法人营业执照"的登记事项包括企业名称、住所、法定代表人、注册资金、经济性质、经营范围、经营方式等。可通过以下方法核实。

（1）所在地的工商部门查询：按照我国法律规定，企业在开业前，必须向所在地的工商管理部门注册登记，并取得企业营业执照，因此，可以向工商部门查询企业营业执照的真伪。

（2）年检：工商管理部门每年对企业进行年检年审，并加贴标签。可以审查年检标签的加贴情况。

（3）相关网站进行查询：可以登录企业所在地工商部门官网，通过营业执照登记号进行查询。

（二）核实企业名称

企业名称由企业所在地行政区划名称、字号或商号、行业或经营特点、组织形式构成。可通过以下几点进行核实：

（1）鉴别名称中的行政区划。如江苏南京某有限公司，表明该公司在南京市注册。但如果该企业地址不在南京市，业务员就应予以注意，须向工商部门了解真伪，以防上当。

（2）鉴别名称中的行业、经营类型。如某小百货有限公司、某五金矿产进出口公司、某阀门分公司、某机械制造实业总公司、某东方贸易有限公司等，可以判断出企业是生产型还是贸易型等。同时还可以判断出该企业主营的业务大类。如果在名称中只列明"中大""东方"等中性内容，跟单员需要认真了解该企业内部具体经营商品的内容，以防与不熟悉产品的企业开展经营活动。

（3）鉴别名称的组织形式。一般而言"集团公司"规模大于"实业公司"，"分公司"不是独立法人企业，需要由上一级企业授权经营等。

（三）核实企业注册地址及经营场所

企业注册地址及经营场所是工商部门按企业所在市、县、乡（镇）及街道门牌号码的详细地址确定注册登记的。按照《中华人民共和国公司登记管理条例》规定，住所是企业主要办事机构所在地，经工商部门登记注册的公司住所只能有一个。所以，业务员在核实过程中若发现企业营业执照注册地

与企业实际经营办公地点不一致时,一定要查明原因。主要可以从以下几方面审查:

(1) 营业执照企业注册地与企业经营办公地不一致。凡出现不一致的,需要业务员认真查明原因。如有的企业搬迁新地址后还来不及进行工商变更;有的企业在注册当初就存在办公场所和生产场所分处不同地点的情况;有的企业违法经营,有意搬离注册地等。

(2) 企业改变地址。企业改变地址主要把握以下四个方面:

①场地改变,条件改善。说明企业经营较好,想加快发展。

②场地改变,规模缩小。表明企业前一时期经营情况不好,企业正在进行收缩。对这类企业需要注意。

③场地大规模扩大。跟单员不能被大规模投资的表面繁荣所迷惑,应认真评估该企业搬入新址的资金投入对企业正常经营所带来的资金压力。

④要重新到工商管理部门查询变更的原因。

(四) 核实法定代表人、授权委托人

企业的法定代表人是经工商管理部门登记注册的代表企业行使职权的主要负责人,是代表企业法人根据章程行使职权的签字人。其签字包括符合企业法定代表人身份的承诺签字企业文件,证件真实性的承诺签字,董事会成员、经理和监事任职证明的亲笔签字,产权人的签字,被委托人的签字,企业提交股东会议决议、董事会决议、章程修正案的签字等,每一项签字都很重要,必须真实有效,并承担相应的法律责任。鉴于法定代表人签字的重要性,凡要求由其签字的,均应由其本人亲笔签字,盖人名章将被视为无效。

业务员在工作中对于要求法定代表人或被委托人签字的合同、订单等重要的经营性文件需要做到以下几个方面:

(1) 企业重要的经营性文件须由法定代表人或经其授权的合法委托人签字并加盖公章。

(2) 法定代表人变更时,要注意变更前后法定代表人的有效签字权限及授权委托人签字权限,以防止出现各种问题。

(3) 对业务中首次出现的合作企业法定代表人的有效签字印鉴,须做好复印、留底、备查工作。因重要文件中签字不一致,可能会对本企业造成不可挽回的损失,业务员需特别注意。具体业务往来时要核对印鉴,以防风险。

(4) 认真对合同、订单等重要经营性文件的法定代表人或被委托人的签字笔迹的真实性进行审查。对于同一次提交的文件上的同一签字人签字不一致的、同一份文件中几个人签字笔迹一样、同一姓名不同文件中的签字不一致的,需要认真与印鉴留底核对,以免出现问题。

（5）可直接与签字人员取得联系，询问当事人是否亲自签署了某某文件，确定是否为亲笔所签。

（五）核实经济性质（注册类型）

核实供应商或生产企业注册类型是很重要的。与不同注册类型的企业合作，若出现经营问题等，所采取的措施将是不同的，工商管理部门根据注册企业提交的文件和章程所反映的财产所有权、资金来源和分配形式，核准企业的经济性质，并将企业登记注册类型分为三大类：

1. 内资企业

（1）国有企业，是指企业全部资产归国家所有，并按《中华人民共和国企业法人登记管理条例》的规定登记注册的非公司制的经济组织。不包括作为有限责任公司的国有独资公司。

（2）集体企业，是指企业资产归集体所有，并按《中华人民共和国企业法人登记管理条例》的规定登记的经济组织。

（3）股份合作企业，是指以合作制为基础，由企业职工共同出资入股，吸引一定比例的社会资产投资组建，实行自主经营，自负盈亏，共同劳动，民主管理，按劳分配与按股分红相结合的一种集体经济组织。

（4）联营企业，是指两个及两个以上相同或不同所有制性质的企业法人或事业单位法人，按自愿、平等、互利的原则，共同投资组成的经济组织。

（5）有限责任公司，是指根据《中华人民共和国企业法人登记管理条例》的规定登记注册，由两个以上、五十个以下的股东共同出资，每个股东以其所认缴的出资额对公司承担有限责任，公司以其全部资产对其债务承担责任的经济组织。包括国有独资公司以及其他有限责任公司。国有独资公司是指国家授权的投资机构或者国家授权的部门单独投资设立的有限责任公司。其他有限责任公司是指国有独资公司以外的其他有限责任公司。

（6）股份有限公司，是指根据《中华人民共和国企业法人登记管理条例》的规定登记注册，其全部注册资本由等额股份构成，并通过发行股票筹集资本，股东以其认购的股份对公司承担有限责任，公司以其全部资产对其债务承担责任的经济组织。

（7）私营企业，是指由自然人投资设立或由自然人控股，以雇佣劳动为基础的营利性经济组织。包括按照《中华人民共和国公司法》《中华人民共和国合伙企业法》的规定登记注册的私营有限责任公司、私营合伙企业和私营独资企业。

2. 我国港、澳、台商投资企业

主要包括我国港、澳、台商合资经营企业，我国港、澳、台商合作经营企业，我国港、澳、台商独资经营企业和我国港、澳、台商投资股份有限公司。

3. 外商投资企业

分为中外合资经营企业、中外合作经营企业、外资企业和外商投资股份有限公司。

(六) 核实经营范围

经营范围是指国家允许企业法人生产和经营的商品类别、品种及服务项目，反映企业法人业务活动的内容和生产经营方向，是企业法人业务活动范围的法律界限，体现企业法人民事权利能力和行为能力的核心内容。经营范围分为"许可经营项目"和"一般经营项目"。"许可经营项目"是指企业在申请登记前依据法律、法规、国务院决定应当报经有关部门批准的项目。"一般经营项目"是指不需批准，企业可以自主申请的项目，但企业从事未经登记的一般经营项目，工商部门将按照超范围经营依法予以查处。

业务员需要关注该企业经营范围涉及的经营项目内容，如果该企业未经有关部门的"许可经营项目"批准，或超一般经营项目范围开展业务，就不能与之从事未经许可经营项目和超一般经营范围的业务。

(七) 核实注册资本、注册资金

公司的注册资本是指公司在工商登记机关登记注册的资本额，也称法定资本。公司的注册资金是国家授予企业法人经营管理的财产或者企业法人自有财产的数额体现。注册资本与注册资金的概念有很大差异，注册资金所反映的是企业经营管理权；注册资本则反映的是公司法人财产权，所有的股东投入的资本一律不得抽回，由公司行使财产权。注册资金是企业实有资产的总和；注册资本是出资人实缴的出资额的总和。注册资金随实有资金的增减而增减，当企业实有资金比注册资金增加或减少20%以上时，需要办理工商变更登记。

业务员在核实注册资本时需注意：

(1) 严格核实注册资本。
(2) 严格核查虚假出资企业。
(3) 分析判断能否与其开展业务。

(八) 核实成立时间

企业成立时间，是指企业在工商管理部门注册登记批准的日期。通常企业注册成立的年限越长，积累的经营经验、专业经验就越多，内部管理机制就越健全。对于成立时间在一两年内的生产企业，跟单员需要实地认真考察，要严格评估其实际生产经营能力，而不能过多地相信该企业的自我介绍。

（九）核实经营期限

经营期限是指联营企业、外商投资企业等在章程、协议或者合同中所确定的经营时限。经营期限自工商管理部门核准登记之日起计算。业务员要关注并核实企业的经营期限：

（1）与其开展经营必须在该企业经工商管理部门核准的经营期限之内。

（2）凡经营范围属于许可经营项目的，需注意有关部门批准的有效经营期限。

（3）中外合资、合作企业，一般经营期限较短，跟单员尤其需要核实是否在经营期限内。

（十）核实联系方式

企业联系方式通常应包括电话号码、手机号码、传真号码、邮政编码、电子邮箱和网站地址等，跟单员要认真核实联系方式的有效性与真实性。

二、解读供应商、生产企业财务审计报告

（一）审计报告的作用

根据我国现行法规，财务审计报表编完后，必须由注册会计师进行审计，以确认企业所提供的财务会计报告是否真实，从而了解企业真实的财务和经营状况。

审计报告是注册会计师根据独立审计准则的要求，在实施了必要的审计程序后出具的，用于对被审计单位年度会计报表发表审计意见的书面文件，具有法定证明力。审计报告有三个方面的作用。

1. 鉴证作用

注册会计师签发的审计报告，不同于政府审计和内部审计的审计报告，是以超然独立的第三者身份，对被审计单位财务报表的合法性、公允性发表意见。这种意见具有鉴证作用，得到了政府各部门和社会各界的普遍认可。

2. 保护作用

随着所有权和经营权的进一步分离，有很多投资者不直接参与企业的经营活动。股份制企业的股东主要依据注册会计师的审计报告来判断被投资企业的财务报表是否公允地反映了财务状况的经营成果，以进行投资决策等。所以审计报告对于保护投资者利益而言具有十分重要的作用。

3. 证明作用

所谓证明，主要是针对注册会计师而言。注册会计师必须按照规则进行

审计，如果存在问题，必须通过审计意见报告揭示出来，并向社会各界展示注册会计师在审计过程中的程序和方法，以证明注册会计师履行职责的情况，明确企业与注册会计师双方的责任。

（二）审计报告的基本内容

以干净的审计报告为例，来介绍审计报告的基本内容。干净的审计报告就是注册会计师出具的标准的、无保留意见的审计报告。其他报告都是在这一报告的基础上发展的。干净的审计报告的内容通常包括两段：

1. 范围段

范围段的基本内容包括已审报表的名称、日期或期间，会计责任与审计责任，审计的依据，已实施的审计程序。

2. 意见段

审计报告的第二段叫意见段，是注册会计师通过审计发表的审计意见和对被审计单位财务会计报表的看法。

（1）合法性。合法性是指企业所编制的财务会计报告是否符合企业会计准则和会计制度的基本规定。企业会计准则和会计制度是所有企业都应该遵守的。但不同的行业目前所执行的会计制度是存在差别的，因此应该写清楚企业执行的是哪种会计制度。

（2）公允性。公允一词是在会计行业中经常使用的用语，公允性是指被大家公认的会计准则。

（3）一贯性。所谓一贯性是指会计方法一经选定就不得随意变更，如果确实需要变更，应该将变更的情况、变更的原因以及对财务状况的影响，在财务报告附注中做出说明。

（三）审计报告的类型

1. 无保留意见审计报告

无保留意见审计报告指的是审计人员对被审计单位的会计报表，依照独立审计准则的要求进行审查后，确认被审计单位采用的会计处理方法是遵循了会计准则及有关规定，会计报表反映的内容符合被审计单位的实际情况，会计报表内容完整、表达清楚、无重要遗漏，报表项目的分类和编制方法符合规定要求，因而对被审计单位的会计报表无保留地表示满意。

2. 保留意见审计报告

注册会计师经过审计后，认为被审计单位的会计报表所反映的内容就其整体而言是公允的，但对个别的重要会计事项持保留意见。存在下述情况之一时，应出具保留意见审计报告：

（1）个别重要财务会计事项的处理或个别重要会计报表项目的编制不符

合《企业会计准则》及国家其他有关财务会计法规的规定，被审计单位拒绝进行调整。

（2）因审计范围受到重要的局部限制，无法按照独立审计准则的要求取得应有的审计证据。

（3）个别重要会计处理方法的选用不符合一贯性原则。

3. 否定意见审计报告

否定意见审计报告说明公司的报表无法被接受，其报表已失去其价值。否定意见审计报告是指审计人员经过审计后，认为被审计单位的会计报表不能公允地反映其财务状况、经营成果和现金流量情况，从而提出否定其会计报表"三性"的审计意见的一种审计报告。由于否定意见是审计人员认为被审计单位在经营活动中存在严重违法乱纪行为，或会计处理方法严重违反会计准则和国家其他有关财务会计法规，以致会计报表严重歪曲财务状况和经营成果而给予的一种否定的评价。因此，当审计人员经过审计后，认为被审计单位的会计报表存在下述情况之一时，应当出具否定意见审计报告：一种情况是，会计处理方法严重违反《企业会计准则》和国家其他有关财务会计法规的规定，被审计单位拒绝进行调整；另一种情况是，会计报表严重歪曲了被审计单位的财务状况、经营成果和现金流量情况，被审计单位拒绝进行调整。上述两种情况中，前者是指，被审计单位采用了会计准则和国家其他财务法规不允许采用的会计处理方法，而且对会计报表产生了严重的影响；后者是指，被审计单位的经济业务没有得到如实的反映，导致企业的财务状况和经营成果及现金流量情况在会计报表中受到严重歪曲，并且均未得到调整。

4. 拒绝表示意见审计报告

即注册会计师在审计过程中由于受到种种限制，不能实施必要的审计程序，无法对会计报表整体反映内容发表审计意见，即对会计报表不发表肯定、保留和否定审计意见的审计报告。这种审计报告不同于拒绝接受委托，是审计人员实施了必要的审计程序后发表审计意见的一种方式。出具拒绝表示意见审计报告，也不是不愿表示意见。拒绝表示意见审计报告说明公司经营中已出现重大问题，报表基本不能用。

第二节 样品准备工作实务

样品（Sample）是能够代表商品品质的少量实物。它可以是从整批商品中抽出来作为对外展示的模型和产品质量检测所需；或者是在大批量生产前，根据商品设计由生产者先行加工制作而成，并将其作为全部交易商品的交付标准。

一、样品的重要性

样品是企业获得订单的主要途径，其重要性主要体现在以下几个方面。

（1）样品代表着企业的形象。样品能直接反映出一个企业的经营推广能力、生产制造能力、售后服务能力。

（2）样品是产品品质的代表。一个样品就能体现一个企业所经营的产品的档次高低，以及适应哪些消费群体。

（3）样品是价格的代表。样品质量的高低直接决定了产品价格的高低。

（4）样品是生产的代表。生产企业是根据确认的样品来进行生产的，确认样品的难度、工艺要求、结构，直接关系到生产的难度、时间、进程。

（5）样品是验货和索赔的依据。验货必须根据确认的样品来进行，与此同时，索赔也是根据确认的样品来操作的。因此，一旦验货不通过或者发生索赔，就必须以确认的样品作为谈判依据。

二、样品的主要种类

一般来说，在报价后，如果客户觉得价格接近或者可以接受，会要求安排备样。样品的种类很多，主要有推广样、参考样、测试样、修改样、确认样、成交样、产前样、生产样、出货样等。服装的出货样又包括款式样、广告样、齐色齐码样、水洗样、生产样/船样、色样/印花样、辅料样等。下面重点介绍几个常见样品种类。

（1）推广样（Salesmanship Sample），指企业用于境内外参展、对外展示的实物。通常是从一批商品中抽取的或专门设计加工出来的，能代表交货商品的品质，向公众反映出商品品质全貌的实物形态。

（2）参考样（Reference Sample），指卖方向买方提供的仅作为双方谈判参考用的样品。参考样与成交样品的性质不同，不作为正式的检验依据。样品寄给买方只做品质、样式、结构、工艺等方面的参考，为在产品的某一方面达成共识创造条件。

（3）测试样（Test Sample），交由买方客户通过某种测试检验卖方产品品质的样品。有些客户要求做测试的，就需要提供此样。比如，成衣的测试样主要是测试水洗、颜色、环保方面是否符合客户要求。测试样也可能要做多次，如果测试不通过，客户往往就不会下订单。

（4）确认样（Approval Sample），指买卖双方认可的，最后经买方确认的样品。一旦买方确认，卖方就要据此来生产产品。一般来说，确认样是给设计师看的，所以生产出来的确认样必须符合设计师的设计要求，并能准确体现设计师的设计理念。在完成确认样后，必须由技术检验部门评估，评估合格的样品才可发送给客户。确认样是否符合客户的要求直接关系到交易能否顺利成交，因而此项工作非常重要，业务员必须高度重视。

（5）成交样（Quality Sample），指卖方交付的标的物与买方保留的样品具有同质量标准的样品。凭成交样品买卖的商品不多，一般限于不能完全使用标准规格和文字数据来表示品质的一些商品才采用。

在采取凭成交样品买卖时，由于某种商品的特点，事实上难以做到"货"与"样"完全一致，外贸企业在成交时应争取以我方提供的样品为依据，在合同中订明"品质与样品大致相同"的条款，以争取主动。业务员对出口商品的成交样品要慎重把握，成交样必须具有代表性，应当能够代表今后交货的实际质量，不能偏高或偏低。

（6）产前样（Pre-production Sample），指生产之前需寄客户确认的样品，也称"PP"版。一般是客户为了确认大货生产前的颜色、工艺等是否正确，向卖方提出的基本要求之一。

（7）生产样（Production Sample），是大货生产中随机抽取的样品，反映大货生产的品质等情况。客户根据生产样，可能会做出一些新的改进要求。

（8）出货样（Shipment Sample），指货已经做好并准备出货之前的样品，有些客户就根据这个样品来决定这批货的品质。

三、样品准备工作中的注意事项

鉴于样品在交易过程中的重要性，在样品准备工作中业务员必须遵循以下几点原则：第一，采集的样品要均匀一致，有代表性，能够反映被分析产品的构成、质量和卫生状况；第二，在采样过程中，要设法保持原有的理化指标，防止成分逸散或带入杂质。

第三节 合同、订单审查实务

一、合同、订单的形式

图 2-1 为某公司的采购订单,从这张单据上我们可以了解到所采购货物的基本信息,知道供应商的地址、联系方式,以及负责此次采购的所有人员姓名,一旦出现问题可以及时通过该单据找到问题的所在。

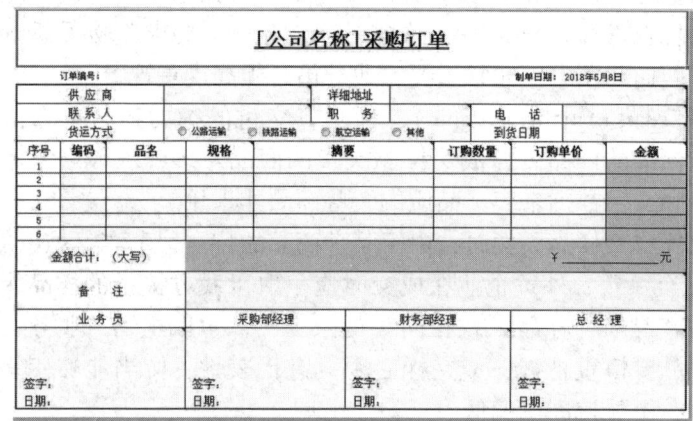

图 2-1 采购订单

(一)订单成立要求

(1)甲、乙双方名称正确清楚。

(2)采购目标明确,价格清楚。

(3)双方同意条款,交期满足客户要求。

(4)签字盖章,生效。

(二)订单确认流程

(1)客户将订单发到公司相关业务员。

(2)业务员接到订单,须与采购部确定物料采购周期,与生产部确定生产周期,最终确定交货时间,看交货时间是否能满足客户要求,不能满足的就要与客户协商。

(3)订单各项条款都满足之后,如果是预付款的,须给财务签字后方可下单,订单交给跟单员;如果无预付款,而要求先做货的,须由总经办签字盖章后才可以生产。

（4）如果订单条款无法达成共识，则取消订单。

（5）最终的订单单据必须有财务负责人的签字或有总经办负责人的签字或盖章。

(三) 业务员

业务员需要负责跟进订单的采购进度和生产进度，直到订单产品入库。

表2-1是一份合同的样板，从这份样板中可以找出签订合同的买卖双方的详细信息，同时还能从中找到一切有关商品交易的信息。例如，产品的品名和规格、订购数量、单价以及总值、包装、唛头、装运期限、装运口岸、目的口岸、保险、付款条件、装运条件、仲裁和关于索赔方面的信息。所以由此我们可以断言，合同单据应该包括某次贸易的一切必要条件。

表2-1　贸易合同（中英版）

编号：No.：
日期：Date：
签约地点：Signed at：
卖方：Sellers：
地址：Address：　　　　邮政编码：Postal Code：
电话：Tel.：　　　　　　传真：Fax：
买方：Buyers：
地址：Address：　　　　邮政编码：Postal Code：
电话：Tel.：　　　　　　传真：Fax：
买卖双方同意按下列条款由卖方出售，买方购进下列货物：
The seller agrees to sell and the buyer agrees to buy the under mentioned goods on the terms and conditions stated below.

1. 货号 Article No.
2. 品名及规格 Description&Specification
3. 数量 Quantity
4. 单价 Unit Price
5. 总值：
数量及总值均有_____%的增减，由卖方决定。
Total Amount
With _____ % more or less both in amount and quantity allowed at the sellers option.
6. 生产国和制造厂家 Country of Origin and Manufacturer
7. 包装：Packing：
8. 唛头：Shipping Marks：
9. 装运期限：Time of Shipment：
10. 装运口岸：Port of Loading：
11. 目的口岸：Port of Destination：
12. 保险：由买方按发票全额110%投保至_____为止的_____险。

表 2-1 续

Insurance：To be effected by buyers for 110% of full invoice value covering _____ up to _____ only.

13. 付款条件：

买方须于_____年_____月_____日将保兑的、不可撤销的、可转让、可分割的即期信用证开到卖方。信用证议付有效期延至上列装运期后 15 天在中国到期，该信用证中必须注明允许分运及转运。

Payment：

By confirmed, irrevocable, transferable and divisible L/C to be available by sight draft to reach the sellers before _____/_____/_____ and to remain valid for negotiation in China until 15 days after the aforesaid time of shipment. The L/C must specify that transshipment and partial shipments are allowed.

14. 单据：Documents：

15. 装运条件：Terms of Shipment：

16. 品质与数量、重量的异义与索赔：Quality/Quantity and Weight Discrepancy and Claim：

17. 人力不可抗拒因素：

由于水灾、火灾、地震、干旱、战争或协议一方无法预见、控制、避免和克服的其他事件导致不能或暂时不能全部或部分履行本协议，该方不负责任。但是，受不可抗力事件影响的一方须尽快将发生的事件通知另一方，并在不可抗力事件发生 15 天内，将有关机构出具的不可抗力事件的证明寄交对方。

Force Majeure：

Either party shall not be held responsible for failure or delay to perform all or any part of this agreement due to flood, fire, earthquake, draught, war or any other events which could not be predicted, controlled, avoided or overcome by the relative party. However, the party affected by the event of Force Majeure shall inform the other party of its occurrence in writing as soon as possible and thereafter send a certificate of the event issued by the relevant authorities to the other party within 15 days after its occurrence.

18. 仲裁：

在履行协议过程中，如产生争议，双方应友好协商解决。若通过友好协商未能达成协议，则提交中国国际贸易促进委员会对外贸易仲裁委员会，根据该会仲裁程序暂行规定进行仲裁。该委员会决定是终局的，对双方均有约束力。仲裁费用，除另有规定外，由败诉一方负担。

Arbitration：

All disputes arising from the execution of this agreement shall be settled through friendly consultations. In case no settlement can be reached, the case in dispute shall then be submitted to the Foreign Trade Arbitration Commission of the China Council for the Promotion of International Trade for Arbitration in accordance with its Provisional Rules of Procedure. The decision made by this commission shall be regarded as final and binding upon both parties. Arbitration fees shall be borne by the losing party, unless otherwise awarded.

19. 备注：Remark：

卖方：Sellers： 买方：Buyers：
签字：Signature： 签字：Signature：

二、审查合同、订单

由于签订合同不完备而导致损失的情况在国际贸易中常有出现,因此合同的审查必不可少,业务员必须最大限度地避免风险,减少不必要的损失,做到利益的最大化。审查合同的内容主要包括货物的名称、质量、数量、价格、交货期限、付款方式、包装要求及交货方式等。

(一) 审查货物名称

在国际货物买卖合同中,商品名称是不可缺少的一项交易条件。按照有关的法律和惯例,列明货物名称,说明货物的主要组成部分,是买卖双方交接货物的一项基本依据,这与买卖双方的权利、义务有密切关系。

商品品名命名方法:

(1) 以其所使用的主要原材料命名,如羊绒衫;
(2) 以其主要成分命名,如珍珠粉;
(3) 以其主要工作原理命名,如电磁炉;
(4) 以其外观造型命名,如黄豆;
(5) 以其制作工艺命名,如酿造醋;
(6) 以人物命名,如王老吉凉茶。

业务员在审查货物的品名条款时,应注意下列事项:

(1) 内容是否明确、具体,避免出现空泛、笼统的规定。
(2) 货物是否是企业能够供应且符合买方的需求,凡做不到或不必要描述的词句都不应列入品名条款。
(3) 是否使用国际上的通用名称,如果使用地方性名称,是否能符合国际上的称呼习惯。某些新商品的定名及其译名是否准确、易懂,并与国际上一贯的称呼习惯相符合。
(4) 是否选用了合适的品名,以便降低关税、方便进出口、节省运费开支。

(二) 审查货物质量

货物的质量是货物的外观形态和内在质量的综合。在国际贸易中,跟单员首先要审查的内容是质量条款,因为货物质量的优劣不但关系到货物的使用效能和售价高低,而且还决定货物销路的畅滞。跟单员要特别重视货物质量的表示方法以及质量要求是否超过企业的质量控制能力。例如,Quality: Mung bean, Moisture max 12%, Admixture max 1.5%。这表示依据规格的方法来表示商品的品质,规定了绿豆的水分最高不超过12%,杂质最高不超过 1.5%。

货物质量的表示方法主要有以下几种：

1. 凭规格

规格是用以反映货物质量的主要指标，如成分、含量、长度、大小、长短、粗细等。

2. 凭等级

等级是指同一类货物，根据长期生产和贸易实践，按其品质、成分、外观或效能等的不同，用文字、数字或符号所做的分类。"凭等级买卖"只需说明其级别，即可明确买卖货物的质量。

3. 凭标准

商品的标准是指将商品的规格和等级予以标准化。商品的标准，有的由国家或有关政府主管部门规定，也有的由同业公会、交易所或国际性的工商组织规定。有些商品习惯于标准买卖，人们往往使用某种标准作为说明和评定商品品质的依据。

4. 凭牌号和商标

在国际市场上信誉良好、品质稳定，并为买方所熟悉的货物，可凭牌号或商标对外销售。牌号和商标是区分和识别货物质量标准的标志。

5. 凭产地名称

有些商品，特别是农副土特产品，例如，金华火腿、龙口粉丝等，这些货物冠以产地名称，与工业品采用牌号和商标一样，同样可起到明确货物质量的作用。

6. 凭说明书和图样

有些商品，如机械、仪表等，由于结构复杂、型号繁多、性能各异，难以用几项指标来表示其品质，也不能用简短的文字说明其使用方法。在销售这类商品时，需凭说明书和图样来表示商品的质量。

7. 用样品表示

有些货物的质量难以用文字来表示，如工艺品、服装等，则可用样品表示。这种做法又称"凭样买卖"或"凭样销售"，凭样买卖有凭卖方样品买卖和凭买方样品买卖两种。

（三）审查货物数量

业务员应审查合同中所规定的货物的数量是否可以及时筹集到，其计量单位、重量以及约数有何规定。在国际贸易中，通常采用公制、英制、美制和国际单位制，《中华人民共和国计量法》规定采用国际单位制。

1. 审查计量单位

在国际贸易中，通常采用的计量单位有下列几种：

(1) 重量，如克、千克、盎司、磅、公吨、长吨、短吨等；
(2) 个数，如只、件、套、打、罗、令等；
(3) 长度，如米、码等；
(4) 面积，如平方米、平方码等；
(5) 体积，如立方米、立方码等；
(6) 容积，如升、加仑、蒲式耳等。

2. 审查重量的计算方法
(1) 按毛重计算，即"以毛作净"或"以毛作净价"。
(2) 按净重计算。净重是指货物本身重量，即不包括皮重的货物实际重量。如在合同中未明确规定用毛重还是净重计量、计价的，按惯例应以净重计。此外，个别商品有按公量和理论重量计算的。

3. 审查约数
在合同数量前加"约"字，可使具体交货数量作适当机动，即可多交或少交一定百分比的数量。但国际上对"约"字的含义解释不一。鉴于"约"数在国际上解释不一，为防止纠纷，使用时双方应先取得一致的理解，并有书面协议。

（四）审查货物价格

商品的价格条款主要包括单价和总值两项内容，单价由计价货币、单位价格金额、计量单位和贸易术语四项内容构成。跟单员应审查货物的价格是否过低，是固定价格还是非固定价格，有没有价格调整条款，价格中是否包含佣金与折扣，采用何种币制，计价单位是什么等。此外，业务员要特别重视的是，不同贸易术语下的价格构成因素是不同的，它们包含着不同的费用。

（五）审查交货期限

业务员应审查交货期限是否合理，公司是否能及时筹备到货物，并装船送达，交货期限一般应规定一个期限，而不是某个具体日期。

目前，常用的有以下几种规定方法：
(1) 规定在某月内装运；
(2) 规定在某月月底或以前装运；
(3) 规定在某月某日或以前装运；
(4) 跨月装运，即规定在某两个月、三个月或几个月内装运；
(5) 在信用证结算方式下，也可采用规定在收到信用证后的一定时间内装运；
(6) 在买方急需某货物而又备有现货的情况下，也可采用近期交货术语。

（六）审查付款方式

业务员审查的内容主要是看客户的付款方式是否为企业可以接受的方式。因为每个企业都有其自定付款条件，有些付款方式企业不能接受。

（七）审查包装要求

商品的包装一般分为销售包装和运输包装。在商品的销售包装上一般除了印有商品的品名、商标、产地外，也会根据具体需要印有简单的规格、用途或其他内容，特别是很多商品的销售包装上都有计算机容易识别的条形码。在运输包装上，一般都需要印制一定的包装标志。运输包装上的标志按照其用途可分为运输标志、指示性标志、警告性标志。除此之外，还有磅码标志和产地标志。

（八）审查交货方式

交货方式是指出口货物是被如何运输的，或者采取何种运输方式。交货方式主要有航空运输、海洋运输、铁路运输等。

（九）审查货运保险条款

该条款须明确规定由谁办理保险，确定投保险别和保险金额，并说明以何种保险条款为依据，注明该条款的生效日期。

（十）审查商品检验检疫条款

商品检验检疫条款一般包括检验权利规定、检验或复验的时间和地点、检验机构、检验项目和检验证书等内容。

（十一）审查不可抗力条款

不可抗力条款主要规定不可抗力的范围和其处理的原则、方法，以及不可抗力发生后通知对方的期限、方法和出具证明的机构等内容。

（十二）审查索赔条款

贸易合同中的索赔条款一般必须规定索赔的时效和责任的界定。

（十三）审查仲裁条款

仲裁条款的内容一般包括仲裁地点、仲裁机构、仲裁规则和裁决的效力。在规定仲裁地点时，我方一般首先争取在国内仲裁。

三、合同、订单的生效条件

（一）合同成立的时间

合同成立的时间是由承诺实际生效的时间所决定的。这就是说，承诺何时生效，当事人就应当在何时受合同关系的拘束，享受合同上的权利和承担合同上的义务，因此承诺生效时间在合同中具有极为重要的意义。

由于《中华人民共和国合同法》采取到达主义，因此承诺生效的时间以承诺到达要约人的时间为准，即承诺何时到达要约人，则承诺便在何时生效。然而，在确定承诺生效时间时，有以下几点情况值得注意：

（1）受要约人在承诺期限内发出了承诺，但因其他原因导致承诺到达要约人时超过了规定的期限。根据《中华人民共和国合同法》第二十九条规定："受要约人在承诺期限内发出承诺，按照通常情形能够及时到达要约人，但因其他原因承诺到达要约人时超过承诺期限的，除要约人及时通知受要约人因承诺超过期限不接受该承诺的以外，该承诺有效。"这就是说，受要约人在承诺期限内发出了承诺，但由于其他原因（如由于邮政部门传递信件迟延）而导致承诺不能在规定的期限内到达要约人，在此情况下，如果要约人没有及时通知受要约人因承诺超过期限而不接受该承诺，则承诺应视为有效，承诺生效时间按承诺通知实际到达要约人时间确定。

如何确定承诺是在要约规定的期限内发出的呢？这就要根据要约的方式来确定承诺发出的时间。如果要约是以信件或者电报发出的，承诺期限自信件载明的日期或者电报交发之日开始计算。信件未载明日期的，自投寄该信件的邮戳日期开始计算。要约是以电话、传真等通信方式做出的，承诺期限自要约到达受要约人时开始计算（参见《中华人民共和国合同法》第二十四条）。

（2）采用数据电文形式订立合同的，如果要约人指定了特定系统接收数据电文的，则受要约人的承诺的数据电文进入该特定系统的时间，视为到达时间；未指定特定系统的，该数据电文进入要约人的任何系统的首次时间，视为到达时间。

（3）以直接对话方式做出承诺，应以收到承诺通知的时间为承诺生效时间，如果承诺不需要通知的，则受要约人可根据交易习惯或者要约的要求以行为的方式做出承诺，实施承诺行为的时间，则应视为承诺的生效时间。如果合同必须以书面形式订立，则双方在合同书上签字或盖章的时间，为承诺生效时间。如果合同必须经批准或登记才能成立，则应以批准或登记的时间为承诺生效的时间。

（4）需要签订确认书的情形。通常情况下，承诺到达要约人时合同即告成立，但有时，当事人在磋商中会提出以一方或双方签订最终的确认书才能正式成立合同。《中华人民共和国合同法》第三十三条规定："当事人采用信件、数据电文等形式订立合同的，可以在合同成立之前要求签订确认书。签订确认书时合同成立。"

确认书实际上是与承诺联系在一起的，双方达成协议以后，一方要求合同成立以其最后的确认书为准，这样他所发出的确认书实际上是其对要约所做出的最终的承诺。可见，确认书是承诺的重要组成部分，是判断是否做出承诺的要素。如果一方在通过信件、数据电文等方式订约时，提出要以最后的确认书为准，那么，在其未发出确认书以前，双方达成的协议不过是一个初步协议，对双方并无真正的约束力。因而在正式承诺以前的任何阶段，订约当事人均可提出要求签订确认书，而不受初步协议的拘束。当然，双方在达成初步协议以后，一方违反已达成的初步协议，不签订确认书是有过错的；并因其过错使订约的另一方遭受了信赖利益的损害，则有过错的一方应负缔约过失责任。至于承诺人在已做出承诺以后，又提出签订确认书的问题，则实际上是要推翻或否认已经成立的合同，因此构成违约。

（二）合同生效的条件

合同当事人要具有签约能力、合同必须具有对价或约因、合同的内容必须合法、合同必须符合法律规定的形式、合同当事人的意思表示必须真实。

第四节 课后练习题

一、单项选择

1. 以下哪种商品适合凭样品成交？（　　）
   A. 手机　　　　B. 平板电视　　　　C. 服装　　　　D. 电脑
2. 如果凭样品买卖的买方不知道样品有瑕疵，（　　）。
   A. 损失由卖方承担　　　　　　　　B. 损失由买方承担
   C. 若瑕疵是隐蔽的，损失由卖方承担　　D. 视具体情况而定
3. 你认为最重要的样品为（　　）。
   A. 修改样　　　B. 参考样　　　C. 确认样　　　D. 全都重要
4. 下面关于确认样在发给客户前评估的错误表述是（　　）。
   A. 所选的材料是否与客户要求完全一致
   B. 样品的颜色和包装是否与客户的要求完全一致
   C. 样品的数量是否与客户的要求完全一致
   D. 留样至少保留两件，以便作为日后生产大货订单的实物依据

5. 国外老客户要求寄送一般丝绸面料样品，量不多但要求快速，那么寄送样品和样品寄送费用应选择哪种方式？（　　）

A. 邮政的航空大包，寄费预付
B. 邮政的航空大包，寄费到付
C. 航空快递，寄费到付
D. 航空快递，寄费预付

二、判断题

1. 样品是验货和索赔的依据。（　　）
2. 当事人采用信件、数据电文等形式订立合同的，可以在合同成立之前要求签订确认书。（　　）
3. 商品的包装一般分为销售包装和运输包装。（　　）
4. 商品的标准是指将商品的规格和等级予以标准化。（　　）
5. 一般来说，确认样是给客户看的，所以生产出来的确认样必须符合客户要求，并能准确体现设计师的设计理念。（　　）

三、简答题

1. 简述合同成立的时间。
2. 简述审查交货期限目前常用的规定方法。
3. 简述合同生效的条件。
4. 简述商品品名和命名方法。
5. 合同内容包括哪些部分？

第三章　采购跟进和生产准备

【本章重点】

本章的第一节主要介绍了采购的基本概念和采购的业务流程。第二节介绍了采购的八种模式。采购人员要对一些常见的采购方式了然于胸，以便在实际工作中灵活运用。第三节主要说明了采购合同的签订步骤以及采购订单的日常处理。第四节讲述了生产的前期准备。主要内容有原材料的入库和前期准备、生产的前期安排。

【学习目标】

本章旨在让学习者了解采购的概念、业务流程、采购模式，熟悉采购合同及采购订单的日常处理，从而掌握采购的基本知识，为采购做好充分准备。

通过本章学习，学习者能够掌握以下知识：
1. 采购的业务流程；
2. 采购模式；
3. 采购合同的签订及采购订单处理。

【基本概念】

采购

【建议学习时间】

本章学习需要四课时

第一节 采购的基本概念

一、采购

所谓采购,是指企业在一定条件下从供应市场获取产品或服务作为企业资源,以保证企业生产及经营活动正常开展的一项经营活动。能够提供这些资源的供应商,形成了一个资源市场。为了从资源市场获取这些资源,必须通过采购的方式。也就是说,采购的基本功能,就是帮助人们从资源市场获取他们所需要的各种资源。

采购,既是一个商流过程,也是一个物流过程。采购的基本作用,就是将资源从资源市场的供应者手中转移到用户手中。在这个过程中,要将资源的物质实体从供应商手中转移到用户手中。前者是一个商流过程,主要是通过商品交易、等价交换来实现商品所有权的转移。后者是一个物流过程,主要通过运输、储存、包装、装卸、流通加工等手段来实现商品空间位置和时间位置的完整结合,二者缺一不可。只有这两个方面都完全实现了,采购过程才算完成。因此,采购过程实际上是商流过程与物流过程的统一。

采购是一种经济活动。在整个采购活动过程中,一方面,通过采购获取了资源,保证了企业正常生产的顺利进行,这是采购的效益;另一方面,在采购过程中,也会发生各种费用,这就是采购成本。我们要追求采购经济效益的最大化,就是不断降低采购成本,以最少的成本去获取最大的效益。而要做到这一点,关键就是要努力追求科学采购。科学采购是实现企业经济利益最大化的基本利润源泉。

传统采购是企业常规的一种业务活动。企业根据生产需要,先由各需要单位在月末、季末或年末,编制需要采购物资的计划。然后由物资采购供应部门汇总成企业物资计划采购表,报经主管领导审批后,组织具体实施。最后,所需的物资被采购回来验收后入库,将来用来满足企业生产的需要。

传统采购存在许多不足:市场信息不灵、库存量大、资金占用多、库存风险大。可能出现供不应求的情况,影响企业生产经营活动正常进行,或者库存积压、成本居高不下,影响企业的经济效益。以下内容详细说明传统采购的缺点。

（一）物料采购业务与管理混为一体，缺乏必要的监督和控制机制

大多数企业行使采购管理的职能部门是供应部，也有企业将销售职能与采购职能合并在一起，这个部门被称为供销科。其管理流程是：先由需求部门提出采购要求，然后由采购部门制定采购计划（订单）、询价（处理报价）、下发运输通知、检验入库、通知财务付款。

该流程的缺点是：物料管理、采购管理、供应商管理由一个职能部门来完成，缺乏必要的监督和控制机制。

（二）业务信息共享程度弱、可追溯性弱

因为大部分的采购操作和与供应商的谈判都是通过电话来完成的，没有必要的文字记录，采购信息和供应商信息基本上由每个业务人员自己掌握，信息没有共享。这带来的影响是业务的可追溯性弱。一旦出了问题，难以调查。同时，采购任务的执行优劣在很大程度上取决于个人，人员的岗位变动对业务的影响较大。

（三）采购控制通常是事后控制

不仅是采购环节，许多企业对大部分业务环节基本上都是事后控制，无法在事前进行监控。虽然事后控制也能带来一定的效果，但事前控制却能够为企业减少许多不必要的损失，尤其是如果一个企业横跨多个区域或国家，事前控制的意义将更明显。

相对于传统采购，电子商务采购却有很多优势。电子商务是指利用现代开放的互联网络，交易双方按照一定的标准所进行的各类商业活动，是商务活动的电子化。电子商务采购的产生使传统的采购模式发生了根本性的变革。这种采购制度与模式的变化，使企业采购成本和库存量得以降低、采购人员和供应商数量得以减少、资金流转速度得以加快。

电子商务采购程序主要包括电子商务采购前的准备工作、电子商务采购中供需双方的磋商、电子商务采购合同的制定与执行、电子商务采购的交付与清算。

二、采购业务流程

一般来说，我们选择不同的采购方式，相应的采购业务流程也会有所不同，但总的来说，一个完整的采购业务过程所遵循的业务流程又具有共性。俗话说："万变不离其宗。"我们通过图3-1来认识采购业务执行中的一个共同模式。

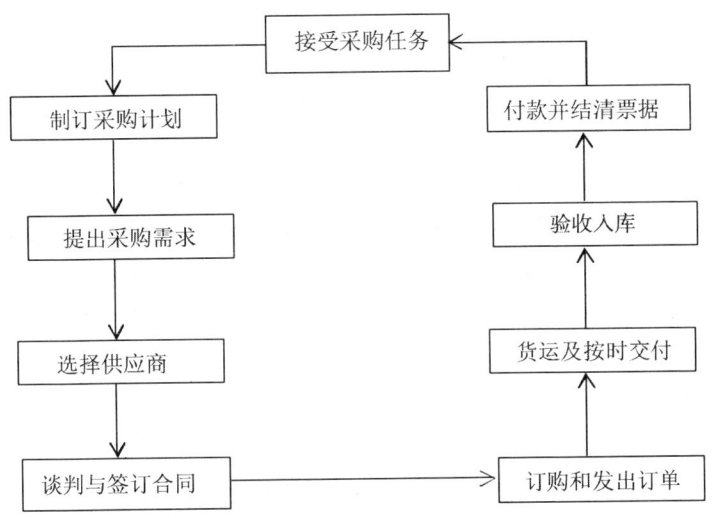

图 3-1　采购业务流程

图 3-1 从"接受采购任务"开始,到"付款并结清票据"结束,将采购业务分为九个步骤;另外,采购业务对企业来说是一项持续开展的业务,每一次的采购业务结束,又将在某一时间进入新一轮的采购。接下来我们来了解采购业务中的各个步骤。

(一) 接受采购任务

接受采购任务是一项采购业务的开始。通常情况下,企业的各个部门把采购任务报到采购部,采购部把所要采购的物资予以汇总,再将采购任务分配给各位采购员并下达相应的采购任务单。有时采购部还会根据企业的生产经营与销售情况,主动提出各种物资的采购计划,并交给企业各部门以及企业领导,经企业领导核实后,形成采购任务。本步骤主要解决了"为什么采购"的问题。

(二) 制订采购计划

采购人员在接到采购任务后,要制订具体的工作计划。具体来说,采购人员要对所采购的物资进行市场调查,包括对产品价格、规格、供应商等因素进行调查分析,从而确定采购方式、采购时间,以及货物运输方法、货款支付方法等。本步骤主要从宏观上解决了"怎么做采购"的问题。

(三) 提出采购需求

这里的采购需求,主要包括三个方面:一是对采购的产品做出清晰而准确的规定,同时也有助于供应商准确地理解;二是详细地制定产品的检验程序和规范；三是形成完整的采购文件，如采购合同、产品标准、技术协议等资料。总体来讲，本步骤主要解决了"采购物品要达到什么样的标准"，以及相关采购文件的问题。

（四）选择供应商

每个企业都会处于一定的供应链之中。对于企业本身来说，采购人员可以将采购信息直接发给供应链中处于合作关系的供应商；对于非供应链中的供应商，采购人员可以通过信息搜集，选择质量好、价格低、交货及时、服务周到的供应商予以合作。本步骤主要解决了"从哪个供应商处进行采购"的问题。

（五）谈判与签订合同

在选择了意向供应商后，采购人员还要与供应商进行反复谈判，讨论价格、质量、交货期、售后服务等合作条件，最后以合同的形式将这些条件规定下来，从而形成采购合同。供需双方签订采购合同意味着供需双方正式进入采购合作程序。

（六）订购和发出订单

一般来说，供需双方签了采购合同后，采购人员就可以向供应商发出订单；有时，采购合同本身就规定了采购订单的内容，采购合同成为订单。采购人员在向供应商发出购货订单时，一定要详细、具体地说明有关信息，诸如购货订单上的订单编号、产品名称、规格、单价、需求数量、交货时间、交货地址等信息都要准确无误。

（七）货运及按时交付

采购人员在向合作的供应商发出采购订单后，接下来要面临货物运输及按时交付的问题。在实际工作中，货物可以由供应商运输，也可以由第三方运输公司运输，还可以由采购方自己提货。不管采取什么样的货运方式，采购人员都要密切关注货运过程中的每个环节，确保按时交货，以免影响正常的生产经营。

（八）验收入库

货物运到后，采购人员要配合仓储部门按照供需双方所签合同的规定对货物数量、质量等做好验收工作，一旦发现货物存在未达到合同规定或者违反合同规定的问题，采购人员就要及时向供应商反映。必要时采购人员还可以向本企业的领导反映，一定要确保货物符合合同规定。

（九）付款并结清票据

在采购过程中，付款往往是供应商最为关心的问题。如果采购方收到货物后，在付款环节找各种非正当理由拒付或者拖延付款，必然会引起供应商的不满，从而导致供应商停止供货，甚至诉诸法律来解决。从表面上来看，虽然付款问题是采购方财务部门的工作，但在实际工作中，供应商会认准自己被采购人员"坑"了，并且投诉采购人员，其实这不利于采购人员以后工作的正常开展。

因此，采购人员也要关注付款环节的如约开展，也可以通过有序的付款行为给供应商留下一个很好的印象，使得企业的采购行为对供应商形成吸引力。另外，采购方在对供应商进行付款时，要结清相应的票据，使得付款行为有据可依。

第二节 采购模式

采购模式是采购方开始采购活动前需要确定的重要战略性问题，即采用哪种方式进行采购，各种采购模式分别有哪些特点和优势。总之，对于不同采购模式需采用不同的策略，采购方应慎重选择。本节就以采购模式为主题，详细介绍八种采购模式，让读者对采购有初步了解，也有利于之后的采购学习之旅。

一、集中采购和分散采购

集中采购指公司统一采购各部门所需物品，而分散采购则是各部门独立采购各自所需物品。集中采购与分散采购的区别和各自特点非常明显，作为采购人员，应当准确区分这两种采购模式。当然，在具体的采购活动中，采购模式之间也可以交叉使用。接下来，我们详细解读集中采购和分散采购的区别和意义。

（一）集中采购

集中采购即公司组建采购部门，统一采购各部门所需物品，它的优势和劣势如表3-1所示。

表 3-1　集中采购的优势和劣势

优势	劣势
易于降低成本，巩固与供应商之间的关系，获得供应商各方面更好的支持与合作	采购业务流程很长，导致紧急性、区域性及小量采购业务的效率偏低
对采购流程的控制较为集中，减少管理与劳动方面的重复性，提高工作效率，采购的物料易于达到标准化	市场变化节奏快，对价格控制及对供应商的择优存在一定滞后性
很少发生因内部争抢供应物品，导致价格抬高的情况	采购部门与需求部门分离，规格、运送等方面的细节变化处理不及时

集中采购适用的主体需符合如下情况之一：

（1）产品种类共性较多；

（2）公司各部门的地理位置比较集中；

（3）采购部门与需求部门虽有距离，但交通便利。

集中采购适用的客体主要有：

（1）大批量或总价高的物品；

（2）保密度高、产权约束大的物品；

（3）市场资源不稳定、容易出问题的物品；

（4）定期采购的物品。

💡 **小提示**

集中采购以公司统一采购各部门所需物品为主要特征，同时集中采购的适用主体和客体也有自己的特色，采购方应综合考虑上述情况，看是否需要采用集中采购的模式。

（二）分散采购

公司各部门为满足各自不同需要而独立采购各自所需物品，这种采购模式就是分散采购，它的优势和劣势如表 3-2 所示。

表 3-2 分散采购的优势和劣势

优势	劣势
对需求部门直接负责	各部门采购量有限，综合来看所得价格优惠较少
较少需要内部协调	容易出现人力浪费和交叉采购的情况
与供应商直接沟通	市场调查比较分散
对市场环境变化的适应性高	不同部门的采购条件可能有较大差异

分散采购适用的主体需符合如下情况之一：
（1）需求部门与总部距离较远、交通不便或运输费用较高；
（2）公司的生产机构有多个，且产品种类的共性不多。

分散采购适用的客体主要有：
（1）小批量或总价低的物品、运输费用低的物品；
（2）货源质量有保证的物品；
（3）各需求部门有采购与检测能力的物品；
（4）临时需求的、非定期采购的物品。

举例说明：

位于湖北省武汉市的某健身俱乐部，近几年发展迅速，仅 2013 年—2016 年，就从 6 家连锁健身中心发展到 12 家，但在效益扩大的同时，公司遇到了一个棘手的问题。

公司一直没有成立专门的采购部门，每一家健身中心各自负责自己的采购业务。由于采购需求多为机器部件、办公用品和卫生用品等日常消耗类物品，而且为了节约流动资金，大多数的健身中心不保持库存，而是随需随买，因此在连锁健身中心发展到 12 家时，这种分散采购的模式就显现出一些弊端。例如，因各分部的采购量有限，综合来看所得价格优惠较少；不同部门的采购条件有一定差异，容易造成浪费。

公司高层经过商议，决定成立一个采购部门，采用集中采购的方法，为公司节约采购成本。采购人员制订集中采购模式的计划方案，要求各健身中心在每周五下午 4 点之前，把下周的采购需求发送到总部，下周一各健身中心需要的物品将统一送达。

两个月后，公司上下才适应这个集中采购方案，在计划施行半年后，公司上下都认为这个计划有效节约了成本、减少了浪费。

集中采购与分散采购各有利弊，采购方应全面分析自己的情况，在单一采购模式不能满足需要时,要找到一个集中采购与分散采购的优势变化曲线,并时刻掌握它的动向。

💡 **小提示**

集中采购侧重于统一与标准化的采购流程,而分散采购则是各部门之间相互独立进行的采购活动。集中采购与分散采购是采购的两种模式,公司可以有针对性地使用,而不是拘泥于某一特定的采购模式。

二、询价采购

采购方同时向3个以上的供应商发出询价单,使其报价,对其报价进行比较以最终确定合格供应商的采购方式就是询价采购。询价采购是根据报价选定供应商的,所以供应商的数量要有可参考性,一般引入三家以上的供应商。当然,询价采购也有自身的特点以及工作流程,采购人员应根据询价采购的规定开展采购活动。

(一)根据报价选定供应商

询价采购指采购者同时向多个目标供应商发出询价通知书,之后根据各个供应商的报价情况选定合作供应商的采购模式。适用于价值较低且价格弹性不大的标准化货物或服务的采购。

询价采购的特点是:邀请性采购,采购方在进行充分的市场调查后,选出部分目标供应商,目标供应商不少于三个;采购过程比较简单、工作量小;供应商只能提供一个不得更改的报价;在符合采购需求的前提下,采购者选择报价最低的供应商。

(二)询价采购必不可少的程序

询价采购包括如下程序:

(1)成立询价小组。询价小组由采购方代表和有关专家共三人以上(人数需为单数)组成,其中专家应占总人数的2/3以上。询价小组需对各供应商提供的报价进行评估,对采购项目评定成交的标准做出规定。

(2)确定询价名单。询价小组根据采购需求,从满足同一资格条件的供应商名单中选出不少于三家供应商。

(3)询价。向选定的供应商发出询价通知书,让其报价,要求供应商一次报出不得更改的价格。

(4)确定成交供应商。在符合采购需求的前提下,采购者选择报价最低的供应商,并将结果通知所有被询价的供应商。

💡 **小提示**

询价采购有符合自身特点的采购流程,无论是采购方还是供应商,在供应商数目、采购报价、询价名单等方面,都应按照既定的采购流程办事。

三、即时采购

即时采购强调在恰当时间采购恰当物品,是20世纪90年代受即时化生产(JIT生产)管理思想启发而出现的一种采购模式。即时采购最突出的优势就是时间与货物尽可能协调,减少中间可能出现差错的环节,最终提高采购效率。

即时采购有以下几大特点:

(一)选用较少的供应商

传统采购模式一般选用较多供应商,因为传统采购模式中的供需关系大多是短期合作,稳定性低,为了获得极佳性价比的物资,采购方需要盯住供应市场,做好更换供应商的准备。而即时采购模式需要供需双方形成长期稳定的合作关系,只有这样,供应物资的质量与准时性才能得到保障,并且在长期稳定的关系中,供需双方的默契指数也会逐渐上升,有利于降低整体成本,实现双赢。

即时采购模式中,理想的情况是单源供应,即一种物资对接一个供应商,这有利于对供应商的管理,也有利于提高双方合作密切度。但是实际情况中会遇到一些难以避免的意外,如天气、交通、人员、运输工具等方面,所以在即时采购模式中,采用两个供应商的情况较多,一个为主,一个为辅。

(二)小批量采购

即时采购模式的明显特点是"准时性"和"零库存",这意味着必须采用小批量采购的策略,但小批量也意味着增加了整体运输成本,这就要求双方综合考虑实际情况,共同协商最优的解决方案。

一般来说,解决办法有三种:使供应商在地理位置上靠近采购方;或在附近建立临时仓库;或由第三方物流企业按协定方案送货,加大供应商的产品供应能力。

(三)选择供应商的标准高

一种物品的供应商只有一家或两家,而且要了解其供应能力。

要将供应商发展成为长期稳定的合作伙伴,这就要求采购方按照一定标准选择供应商,如质量、价格、交货时间等。

很多时候,其他标准下的供应商,价格也比较合理,即使价格偏高,但双方在形成稳定的合作关系后，采购方也可以与供应方共同研究如何降低成本。另外，在双方形成长期稳定的合作关系后，很多工作可以简化，从而降低整体成本。

（四）信息高度共享

即时采购模式对供需双方的要求都很高，为了追求准时性和零库存，双方有必要随时掌握对方的相关信息，以提高整体的应变能力。

> **小提示**
>
> 零库存只是一种理想情况，即时采购模式是为了接近这种极限，供需双方的"整体作战水平（对数量、质量、准时性等方面的控制）"决定了可以多大程度接近这种极限，而提高整体作战水平的一个重要因素就是实现信息共享。

四、直接采购和间接采购

直接采购，是指采购方直接向物料源头的生产厂家进行采购的方式。直接采购涉及的环节较少，手续简便，信息反馈快，有利于供需双方之间的直接交流以及售后服务的跟进。一般而言，直接采购适用于需方的采购量足够大，希望从供方处获得更为低廉的采购价格，需方配置了比较齐全的采购、储运、渠道与设施等，从而能够比较顺畅地与物料供方进行对接等。

间接采购，是指通过中间商进行采购的方式，主要包括委托流通型企业进行采购。一般来说，间接采购可以有效利用中间商的渠道、储运等优势，同时避免了需方在这些环节上的支出，从而可以在一定程度上减少费用、时间以及物料的非正常损失等。

在实际工作中，企业可以根据需要采取直接采购或间接采购，或者两者兼而有之，从而实现采购效益最大化。

五、招标采购

招标采购，是指采购方作为招标方，事先提出采购的条件和要求，邀请众多企业参加投标，然后由采购方按照规定的程序和标准一次性地从中择优选择交易对象，并与中标的投标方签订协议的过程。一般来说，整个招标采购的过程要求公开、公正和择优。在现实生活中，招标采购不仅是政府采购中的一个重要方式，而且还是招标额较大的企业采购中的重要方式。

根据招标范围的不同，招标采购又可以分为竞争性招标采购和限制性招标采购。其中，竞争性招标采购主要是向整个社会公开招标，限制性招标采购是在选定的若干个供应商中招标。一个完整的招标采购主要由下述作业程序组成（见图 3-2）。

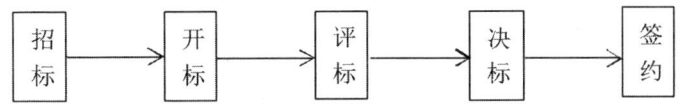

图 3-2　招标采购作业程序

一般来说，招标方在与投标方签约后，会对供应商产生约束力，从而在很大程度上有助于确保材料按时到位，还有助于物料出现品质问题时的解决。另外，招标采购所用的时间较长，对于一些急需采购的物料有时不宜采用此方式。

六、电子商务采购

电子商务采购是在电子商务环境下的采购模式，也就是网上采购。通过建立电子商务交易平台，发布采购信息，或主动在网上寻找供应商、产品，然后通过网上洽谈、比价、网上竞价等实现网上订货，甚至网上支付货款，最后通过网下的物流过程进行货物的配送，完成整个交易过程。

电子商务采购将从根本上改变商务活动的模式。它不仅将间接商品和服务采购过程自动化，极大地提高了效益，降低了采购成本，而且使企业在一定程度上避免了因信息不对称引起的资源浪费，有利于社会资源的有效配置，从而使企业用更具有战略性的眼光进行采购。电子商务采购给企业带来的好处（对购买方而言）包括：

（1）货比三家，选择最佳的货物来源，降低采购成本和采购价格。电子商务采购的信息处理和管理是建立在互联网基础上的。互联网的开放性使消费者、企业及其供应链之间建立了一种协调关系。

（2）有利于采购企业对商家信誉进行评估。为了使网上交易更加可信，需要在网上建立一套商家信用评估体系。买家和卖家可以对双方交易的过程和结果在网上发表意见；采购企业可以对商家的产品和售后服务进行打分，通过自己的数据库进行分析评估，得出卖家的交易诚信得分。

（3）迅速有效地组织评估并确保评估的公正性。实行网上采购，一方面供应商可以更为方便、快捷地通过网络发布招标信息、报送标书，还可以在网上发现及获得大量潜在的卖家信息，扩大自己的产品供应面，缩短采购周期。

（4）随时了解市场行情和库存情况，科学制订采购计划。企业在采购系统中建立自己的库存信息档案，及时更新，这样就可以通过网上查询来获取库存信息,及时审批和决定采购,避免盲目采购、超前采购、重复采购或非需求性采购。

(5) 缩短了产品的生产周期。研究表明,很多产品的生产成本主要与生产周期的长短有关,而不是产量(所谓的规模经济)。

(6) 提高了市场透明度。市场透明度关系到购买方的有效采购,它包括产品透明度(即可以采购何种产品代替现有产品)、供应商透明度(即哪家供应商可以取代现在的供应商)和价格透明度(即此产品在市场上的价格是多少)。通过在这三方面能提高市场透明度、加强供货市场竞争,货物价格下降及改善后的信息共享能限制低效情况,并有助于更有效地部署资源。电子商务采购平台也能在库存产品过时之前通过拍卖为供应商提供一个更有效的处理多余库存产品的方法。

电子商务采购所要进行的业务关系到供应商和采购商两个主体,特别是采购物料信息,均来自企业外部,这给电子商务采购模式的建立提供了各种可能性。主要说来,企业的电子商务采购模式有以下三种:

(1) 卖方模式。卖方模式是指供应商在互联网上发布其产品的在线目录,采购方则通过浏览来获得所需的商品信息,以做出采购决策,并下订单以及确定付款和交付方式。

(2) 买方模式。买方模式是指采购方在互联网上发布所需采购产品的信息,供应商在采购方的网站上登录自己的产品信息,供采购方评估,双方通过采购方网站进行进一步的信息沟通,完成采购业务的全过程。

(3) 市场模式。市场模式是指供应商和采购方通过第三方设立的网站进行采购的过程。在这个模式里,无论是供应商还是采购方都只需在第三方网站(也是独立的门户网站)上发布并描绘自己提供或需要的产品信息;第三方网站则负责产品信息的归纳和整理,以便于用户使用。

七、现货采购

所谓现货采购,即日常所说的"一手交钱,一手交货",供应商将物料交给采购方,采购方则依照协议将资金支付给供应商。在现货采购中,由于供需双方银货两清,对于采购方来说,有利于享受到供应商提供的优惠价格。

不过,现货采购也会存在一定的问题,比如质量保障问题、价格波动问题等,对此,采购方要认真验货,一旦发现产品种类、规格、数量、包装等不符合规定,就要及时与供应商交涉;再者,在进行现货采购之前,采购方要进行足够的市场调查,对产品价格有个比较全面的认识,从而防止供应商擅自抬高物价等。

八、远期合同采购

所谓远期合同采购，是指供需双方为稳定供需关系，通过签订供货合同，实现物料供应和资金结算，并通过法律约束和供需双方的信誉、能力来保证合同的顺利履行。相对来说，远期合同采购的时效较长，物料价格也比较稳定，交易过程透明有序，交易成本也相对较低和有保障；同时，采购方还要掌握供应商的履约能力，合约条款要准确无误、没有歧义。在实际应用中，远期合同采购主要适用于大宗或批量采购，而且是采购方长期需要的主要材料和关键零部件等，供需双方有共同认可的质量标准、验收方法等。

总之，采购人员对于工作中接触到的采购方式要积极学习与掌握，从而提升自己的采购工作能力。

第三节
采购合同与订单管理

一、签订采购合同的步骤

在采购工作中，选择不同的采购方式，在签订采购合同的程序上会有所不同，但是采购合同的签订普遍遵循以下原则和程序，从而保证顺利履行，以预防合同纠纷。

第一，合法原则。供需双方要签订的采购合同必须遵守国家的法律、法令、方针和政策，其内容和手续也应符合有关合同管理的具体条例和实施细则的规定。

第二，平等原则。准备签约的供需双方必须坚持平等互利、充分协商的原则，决不允许强买强卖式的采购或销售。

第三，书面原则。采购合同应当采用书面形式，即便有预先口头约定，最终也要落实到文字层面上。

第四，法人原则。采购合同的当事人必须具备法人资格。所谓法人，是指具有一定的组织机构，能够独立支配财产，能够独立从事商品流通活动或其他经济活动，享有权利并承担义务，依照法定程序成立的企业。一般情况下，当事人应当以自己的名义签订采购合同，委托别人代签的，必须要有委托证明。

签订采购合同的程序，主要是指合同当事人对合同的内容进行协商，达成共识，并签署书面协议的过程。一般来说，签订采购合同会有以下四个环节。

（一）要约

这是指当事人中的一方向另一方提出订立经济合同的建议；提出签订合同建议的一方叫要约人。要约是订立采购合同的第一步。通常而言，要约可以向特定的供应商发出，也可以向非特定的供应商发出。

要约内容必须明确、具体、真实，不能含糊其词、模棱两可。由于要约是要约人向对方做出的一种允诺，因此要约人要对要约承担责任，并且要受要约的约束。如果对方在要约一方规定的期限内做出承诺，要约人就有接受承诺并与对方订立采购合同的义务。另外，要约人可以在得到对方接受要约表示前撤回自己的要约，但撤回要约的通知必须不迟于要约到达。对已撤回的要约或超过承诺期限的要约，要约人不再承担法律责任。可见，采购人员在工作中向供应商发出要约时，还是要慎重。

（二）承诺

这是指当事人中的另一方完全接受要约人的订约建议，同意订立采购合同的意思表示。其中，接受要约的一方叫承诺人。可见，承诺是由接受要约的一方向要约人做出的明确表示，是订立合同的第二步。

承诺必须是承诺人完全接受要约人的要约条款，不能附带任何其他条件，即承诺内容与要约内容必须完全一致，这时协议即成立。如果承诺人对要约提出修改意见或附加条款，则视同拒绝原要约、提出新要约，这时要约人与承诺人之间的地位就发生了交换。在实际工作中，很少出现承诺人对要约人提出的条款一次性完全接受的，双方往往要经过反复的业务洽谈，经过协商后，取得一致的意见，从而达成协议。

（三）签约与公证

供需双方经过反复磋商，最终形成文字形式的合约，再经过合同签订和合同公证，一份具有法律效力的采购合同就正式形成了。其中，合同在双方平等自愿与合法合规的基础上，由双方的法定代表人签署，并确定有效日期；合同公证是指合同管理机关根据供需双方当事人的申请，依法证明其真实性与合法性的一项制度。在订立采购合同时，尤其是在签订金额数目较大以及大宗商品的采购合同时，需要经过工商行政管理部门或立约双方的主管部门共同见证。一般来说，政府采购合同普遍需要对合同进行公证；一些涉及数额较小的采购合同，供需双方要依法签盖合同专用章，并且确保合同中的所有条款合法合规，这是具有法律效力的，并且受法律保护的。

(四) 履约

签订完采购合同，以及合同生效后，就要进入履约环节。供需双方接下来就要严格按照合同的规定行使各自的权利与义务，包括正常供应货物与支付货款。在履约的过程中，如果双方当事人中的任何一方认为对方未依照合同规定履约，均可依法与对方进行交涉，必要时可以提请仲裁或向法院起诉。

二、采购订单的日常处理

采购订单是企业根据产品的用料计划和实际能力以及相关的因素所制订的切实可行的采购计划，并下达至供应商执行。在执行的过程中，采购人员要注意对订单进行跟进，以使企业能从采购环节中购买到企业所需的商品，为生产部门和需求部门输送合格的原材料与配件。有时，供需双方签订的采购合同本身具有采购订单的功能，另外，供需双方也可以在签订采购合同后，开始在产品供应中经手采购订单的具体工作。

采购订单的日常处理主要涉及以下三项内容。

(一) 采购订单的明细管理

采购订单的明细管理主要是通过对采购订单各项目的管理，使企业相关部门能够明确掌握商品订货的情况。当采购单位决定采购的物品后，企业通常会寄发订购单给供应商，以作为双方将来交货、验收、付款的依据。

订购单的内容主要侧重于交易条件、交货日期、运输方式、单价、付款方式等。由于用途不同，订购单可分为厂商联（第一联），作为供应商交货时的凭证；回执联（第二联），由供应商签字确认后寄回给企业；物料联（第三联），作为企业控制存量和验收的参考；请款联（第四联），作为结算货款的依据；承办联（第五联），由制发订购单的单位自存。

(二) 采购订单的跟进管理

订单跟进是采购人员的一项重要工作，通过订单跟进，可以有效地促进合同正常执行，满足企业的商品需求，保持合理的库存水平。在实际订单操作过程中，合同、需求、库存三者之间难免会产生矛盾，突出地表现为由于各种原因，合同难以执行，需求不能满足，从而导致缺货、库存难以控制。因此，能否恰当地处理供应、需求、缓冲余量之间的关系是衡量采购人员能力高低的关键指标。在实际工作中，采购订单的跟进过程如图3-3所示。

图3-3 采购订单的跟进过程

在图3-3中，所谓合同执行前的订单跟进，是指采购人员在签订合同前要及时了解供应商是否接受订单。一般来说，同一种商品往往有几家供应商可供选择，如果某家供应商确实难以接受订单，采购人员可以及时选择其他供应商。同时，采购人员在与供应商交涉中产生的文件要予以及时存档，以备后查。

所谓合同执行中的订单跟进，是指采购方与供应商签订正式的订购合同后，采购人员应全力跟进，并且与供应商相互协调，建立起有效的业务衔接、作业规范的合作框架。在这个过程中，采购人员要严密跟进供应商准备商品的详细过程，从而保证订单正常执行。在跟进过程中，发现问题要及时反馈，需要中途变更的要立即解决，以免贻误时间。同时，采购人员要密切响应生产需求形势。比如，市场原因导致采购需求紧急，要求本批商品立即到货，采购人员应马上与供应商协调，必要时可帮助供应商解决疑难问题；有时，市场出现滞销，企业经研究决定延缓或取消本次订单的商品供应，采购人员也应尽快与供应商进行沟通，确定其可承受的延缓时间，或终止本次订单操作，付给供应商相应的赔款。此外，采购人员还要慎重地控制库存，从而既保证销售正常，又保持最低的库存水平。在商品验收环节，采购人员应确保按照原先所下的订单，对到货的物品、批量、单价及总金额等进行确认，并录入归档，办理相应的付款手续。

合同执行后的订单跟进是指采购人员应按合同规定的支付条款对供应商进行付款，并进行跟进。如果供应商未收到付款，采购人员需要适当地督促付款人员按照流程规定付款，否则会影响企业的信誉。另外，商品在使用过程中，可能会出现问题，采购人员可以按照问题的大小与供应商及相关人员协商解决。

（三）采购订单的使用管理

随着电脑和网络的普及，在实际工作中，有的采购订单会采用电子订单形式，有的可能还沿用以往的纸质订单，两者在依法采用的情况下，法律效力是同等的。一般来说，采购人员将订单发给供应商，供应商在原件上签字后将其送回给采购方，表明供应商已收到订单并同意订单的内容。从法律上来讲，发送订单的采购部门构成了要约提供者，而确认订单的供应商则构成了要约接受者，提交和接受是具有法律约束力的要约的两个重要组成部分。

总之，采购人员在工作中会经常与采购订单打交道。俗话说"熟能生巧"，采购人员只要多看、多听、多练、多实践，就一定会对采购订单的处理做到游刃有余。

三、电子商务订单

电子商务订单是指在商务活动中，买家与卖家通过互联网、企业内部网和增值网等达成的关于产品或服务的要约（合同、单据）。

电子商务订单是电子商务活动的连接纽带，电子商务过程实际上是一个"通过互联网、企业内部网和增值网等下订单—接订单—订单生产—订单发货—订单物流—订单结算"的过程。

电子商务订单的类型有以下几种：

（1）未确认未付款订单（买家拍下商品，但未付款）。
（2）已确认已付款订单（买家拍下商品，且已付款）。
（3）已发货订单（卖家根据订单将货物交给物流公司）。
（4）退款中订单（买家拍下商品后申请退款，未确认）。
（5）退款成功（订单买家申请退款，且已退款）。
（6）未处理、已确认已付款订单（订单等待审核）。
（7）已处理、已确认已付款订单（订单审核完毕，且打印）。
（8）已处理、已发货（订单已进行实物打包发货处理）。

第四节 生产的前期准备

一、原材料的入库和前期处理

（一）原材料采购的进度跟进

原材料采购的订单下给各家原材料供应商之后，要有专门的人员来负责各个采购订单的进度跟进，否则经常会出现订单不能及时交货，导致交期延后，影响后续的生产和成品订单交期的情况。一般原材料订单的签订都是以客户订单的交期为准绳，然后分别根据生产时间来确定原材料订单的交期（其实际过程是，在给客户确认订单交期时，就要根据各种原材料的交期和生产时间来确定最终成品的交期，而且各个环节都需要留出比计划更多一点的时间，预防有什么生产上的意外情况发生）。例如，某个客户的订单，数量是一个高柜,所需的 A 材料要 20 天交期(包括送货到厂的时间),B 材料需要 25 天交期(包括送货到厂的时间),C 材料需要 30 天交期(包括送货到厂的时间),整个生产时间需要 30 天(包括前期处理和包装时间),给客户报的最少是 65 天,但为了保险起见,一般都需要报给客户 70~75 天。这样的话,如果中间有异常情况,延长一点也不至于影响客户的交期。

(二)原材料入库前的数量核对

原材料采购订单到了交货时间前一周左右就要联系工厂了解供应商是否准备好、何时发货等情况,以及是否有其他异常情况。货到工厂之后要安排仓库管理人员统计详细数据,查看与发货记录是否完全一致再签收货物,如果有短缺的情况就要当着送货人员的面说明这些情况。如果不做审核就签收,货物有短缺再去找上游厂家,他们通常不会承认。

详细统计到货情况,也有助于安排生产,如果原料或零部件到不齐的话,生产没有办法开始。根据到货情况,大致可以知道何时安排上线生产。而且从统计资料中也可以看出,哪些部分原料或零件没有到货,可以有针对性地催促。

(三)原材料入库前的质量核对

原材料到厂时,我们不但要检查数量,同时也要检查质量,看看上游厂家给我们发的货是否符合采购订单的要求,是否有质量问题。数量问题可以在签收货物时就点清楚(最主要的是件数或箱数,件数或箱数不能少,至于内包装里具体的个数,可以随后再核查,有的大数量如要在签收之前逐一清点,可能就需要比较长的时间)。因为检查质量问题需要比较长的时间,因此可以先目测或抽样检测后签收这些原材料,等进库之后再详细检查质量问题。如果不符合要求就及时提出来,并做好记录,然后跟相关人员讨论处理方法,看看能否自己通过相关的处理来修复这些问题。如果不可以,就要联系原材料的上游厂家,要么让他们安排人员过来处理,要么就把货物全部退回到他们的工厂去做处理。

无论是通过什么样的方法,都要保证通过处理之后能够满足我们的要求,而且要尽量保证交期符合我们的安排。否则会由于这一部分原材料或零件而影响到整个订单的交期。

(四)原材料的前期处理

原材料到厂后,经过数量和质量的检验后就可以入库,然后开始进行生产准备。原材料在生产前都需要进行一些相关的处理和准备,之后才能进行大货的生产。比如说服装行业,面料裁剪之前都需要展开放置 24 小时以上。

因为面料在入库后都是成卷存放的，机器在卷布时会有一定的拉力，而目前很多面料都是有弹性的，面料都被拉伸过，如果没有展开平置 24 小时，裁剪过后纸样裁片就会回缩，这样成衣的尺寸就会变小，从而造成大量的不合格品。

二、生产的前期安排

（一）订单交期的确认

任何一个工厂的生产都是有系统的、合理的安排，如果不做好事先的计划，就会变得非常混乱，生产毫无效率，而且质量也难以控制。在跟客户确认订单的时候，订单的交期也会同时确认。业务部门要跟生产部门详细讨论目前的生产状况、近期的生产安排、正常操作的各个阶段的效率、合理预期的异常情况发生等因素，要考虑到原材料的供应情况，要事无巨细地考虑到各方面因素，认真核算出准确交期。

如果客户对于我们初期核算出的交期不满意，需要提前的话，我们首先可以考虑一下工厂的其他订单，因为有一些订单的交期相对长一些，可以适当调整，这样就可以把后面交期更加紧急的订单提前安排生产。如果工厂目前没有其他的订单可以与之调整，要跟客户说明实际情况，不能盲目答应客户的交期，而到临近交货时再提出延期。

（二）生产的前期安排

任何一个工厂都需要在生产前做前期准备，根据产品的性质和生产流程的不同，有的需要提前两周做生产计划，有的需要提前 10 天，有的需要提前一周安排，基本上没有工厂在当天的生产任务完成后马上再安排第二天的生产。这样生产效率会非常低，而且如果是临时安排，很多突发状况考虑不到，非常容易出现问题。

生产部门每天需要在生产线上巡视生产进度，要及时发现生产线上出现的设备问题和产品质量问题，然后及时做好维修工作，尽量避免耽误生产，每天晚上总结当天的生产情况，看看与计划生产进度的同步性。如果比计划有所提前最好，如果比原来的计划进度慢很多，就要找出原因，并提出解决方案。

实际的生产进度每天都会发生变化，所以后续的生产安排也要做好相应的调整，只有这样才能够保证整个生产过程顺利进行。

第五节 课后练习题

一、单项选择题

1. 采购是指企业在一定的条件下从（　　）获取产品或服务作为企业资源，以保证企业生产及经营活动正常开展的一项经营活动。
   A. 一般市场　　　　　　B. 供应市场　　　　　　C. 需求市场

2. 下面哪项不属于采购业务流程？（　　）
   A. 付款并结清票据　　　B. 制定采购计划　　　　C. 内部协调

3. 订购单的内容主要侧重于（　　）、交货日期、运输方式、单价、付款方式等。
   A. 交易条件　　　　　　B. 谈判条件　　　　　　C. 约定条件

4. 分散采购适用的客体主要有以下（　　）种。
   A. 3　　　　　　　　　　B. 4　　　　　　　　　　C. 5

5. 一般来说，（　　）普遍需要对合同进行公证。
   A. 政府采购合同　　　　B. 小数额采购合同　　　C. 大宗商品的采购合同

二、判断题

1. 有人认为供应商有"求"于自己，认为"有权不用，过期作废"，所以在采购过程中应该为自己牟取私利。（　　）

2. 远期合同采购的时效较长，物料价格也比较稳定，交易过程透明有序，交易成本也相对较低和有保障。（　　）

3. 如果对方在要约一方规定的期限内做出承诺，要约人就有接受承诺并与对方订立采购合同的义务。（　　）

4. 在实际工作中，有的采购订单采用电子订单形式，有的可能仍沿用以往的纸质订单，但两者在依法采用的情况下，法律效力是不同的。（　　）

5. 在订立采购合同时，尤其是在签订金额数目较大及大宗商品的采购合同时，只能经过工商行政管理部门公证。（　　）

三、简答题

1. 电子商务采购程序有哪些？

2. 分散采购适用的客体主要有哪些?
3. 企业的电子商务采购模式有几种?
4. 签订采购合同时需要遵循哪些原则?
5. 签订采购合同的四个环节是什么?

第四章　生产跟进

【本章重点】

本章主要讲解生产跟进方面的知识，主要内容为四个部分：过程质量控制、异常问题处理、后期包装整理和产品检验检测。通过这四个部分的学习，首先可以让大家掌握质量的概念和范围，了解生产过程中需要注意的节点。质量是企业的生命，对一名合格的业务员来说，质量是首先要关注的问题，通过这一章的学习，大家可以熟悉如何在生产过程中控制质量。其次，如果在生产过程中发现了问题，大家应该如何处理，应该如何解决，也是本章要解决的问题。通过异常问题的发现和分析以及处理方法的学习，在出现异常问题时就能应对自如，不至于手足无措。通过对出口产品的包装和检测部分的学习，大家可以熟悉当下较为热门的两个问题（包装材料和检测标准）。出口产品包装类型和主要材料一直都是企业较为关心的内容，通过本章的学习我们对这部分会有一个深入的了解。至于检验，无非是关注其范围和标准，而这部分内容恰好在这章中会有详细的讲解。通过以上内容的学习，大家能够深入透彻地了解生产环节，为将来的工作和学习奠定基础。

【学习目标】

　　本章旨在让学习者了解质量的概念和范围，熟悉出口产品包装类型和主要材料，从而掌握一切与生产有关的内容。

　　通过本章学习，学习者能够掌握以下知识：
1. 什么是产品质量，如何控制产品质量；
2. 产品质量问题的分析与纠正方法；
3. 产品包装的质量问题；
4. 产品的质检和验货。

【基本概念】

　　质量的概念、质量的范围、出口产品包装类型、出口包装的主要材料、出口包装纸箱跟单、部分国家出口包装环保要求、产品检验范围、产品检验的标准

【建议学习时间】

　　本章学习需要六课时

第一节 过程质量控制

一、质量的概念

质量是指一组固有特性满足要求的程度。质量不仅是指产品的质量,也可以是指某项活动或过程的工作质量,还可以是指质量管理体系运行的质量。

质量还包括以下含义。

(1) 质量的主体是产品、体系、项目或过程,质量的客体是顾客和其他相关方。

(2) 质量的关注点是一组固有的特性,而不是赋予的特性。

(3) 质量是满足要求的程度。要求包括明示的、隐含的和必须履行的要求和期望。

(4) 质量具有动态性。质量要求不是固定不变的,随着技术的发展、生活水平的提高,人们对产品、项目、过程或体系会提出新的质量要求。

(5) 质量的相对性。不同国家、不同地区的不同项目,由于自然环境条件不同、技术发达程度不同、消费水平不同和风俗习惯不同,会对产品(项目)提出不同的要求,产品(项目)应具有这种环境适应性。

二、质量的范围

产品的质量符合要求是指产品的化学性能、物理性能、使用功能都符合相关的国家标准,满足客户的要求,即货物的外观形态和内在质量都属于产品质量考量的范畴。

很多产品在生产制造过程中,不但要符合国家标准,还要根据客户的要求,取得产品的认证。产品认证制度起源于20世纪初的英国,随着时代的变迁,已成为国际上通行的,用于产品安全、质量、环保等特性评价、监督和管理的有效手段。

世界大多数国家和地区设立了自己的产品认证机构,使用不同的认证标志,来标明认证产品对相关标准的符合程度,如UL(美国保险商实验室)安全试验和鉴定认证、CE(欧盟)安全认证、VDE(德国电气工程师协会)认证、CCC(中国强制性产品认证)和CCTP(绿色萌芽)标志等。

国际标准化组织(ISO)将产品认证定义为:是由第三方通过检验评定企

业的质量管理体系和样品形式试验来确认企业的产品、过程或服务是否符合特定要求,是否具备持续稳定生产符合标准要求产品的能力,并给予书面证明的程序。

如果一个企业的产品通过了国家著名认证机构的产品认证,就可获得国家级认证机构颁发的"认证证书",并允许在认证的产品上加贴认证标志。这种被国际公认的、有效的认证方式,可使企业或组织经过产品认证树立起良好的信誉和品牌形象,同时让顾客和消费者也通过认证标志来识别商品的质量好坏和安全与否。

目前,世界各国政府都通过立法的形式建立起这种产品认证制度,以保证产品的质量和安全、消费者的切身利益。

企业对主要供应商要进行定期调查和评估、定期评价和审核。在首次筛选供应商时,我们都会做一个供应商评估,评估的内容主要有以下四项:

(一) 供应商基本信息

(1) 公司地址、企业法定代表人、营业执照、组织机构代码证;
(2) 公司规模、组织机构图、员工数量;
(3) 有关法定生产经营许可证照。

(二) 供应商能力

(1) 厂房厂区面积;
(2) 主要生产设备、数量。

(三) 供应商技术能力

(1) 新产品开发记录;
(2) 产品研发团队人数、学历、工作时间。

(四) 供应商质量管理体系

(1) 产品生产流程图;
(2) 生产工艺单、工厂生产标准;
(3) 原材料检验程序;
(4) 原材料检验记录;
(5) 原材料出厂合格证明;
(6) 供应商(外包商)评估程序;
(7) 供应商(外包商)评估记录;
(8) 采购合同(原料、辅料、包装材料);
(9) 产品检验检测设备。

对这四大项进行评估之后,要去工厂做实地考察,对实际生产加工过程中涉及的程序予以记录,并对工作流程进行审核,一般情况下一天就可以完成,确保供应商的真实可靠性和配合度。通常,每一类产品建议有 2~3 家供应商作为备选,以确保及时供货。

产品生产加工的执行标准是产品符合要求的总则,所以在生产之前都需要召开一个会议,参会人员包括研发部(打版、开发设计)、采购部、生产部、质量控制部、包装部,确定产品生产加工过程中执行统一执行的标准,从技术层面、加工工艺层面、质量控制层面做到逐一确认,避免后期内部生产中可能发生的问题。外贸订单中的产品有的是标准化的,还有的产品是按照客户的特殊要求生产的,是非标准的,或者是有差异的。因此,对待这些问题一定要在正式安排生产前做到心中有数,并且明确各部门的职责、注意事项等。

三、生产过程中需要注意的节点

世界著名的质量管理专家爱德华兹·戴明(W. Edwards Deming)说,检验出有缺陷的东西并把它们扔掉为时已晚,没有效率,并且成本很高。质量并非来自检验,而是源自过程的改进。

在外贸大货的生产过程中有两条线,这两条线贯穿整个生产和贸易的全过程,其中一条是时间,另一条是质量。一名合格的业务员必须要关注这两条线上的所有节点:

(1)时间——从备料、生产到交货,要控制从交货时间往前倒推的每一个时间节点。

(2)质量——控制生产流程中每个环节的质量。

关于生产过程中的时间,我们可以用一幅图来表示,即甘特图。

甘特图(Gantt Chart)又称横道图、条状图(Bar Chart)。它是在第一次世界大战时期由亨利·甘特先生提出的,故以他的名字命名,甘特先生制订出一套完整的用条形图表示工作进度的标志系统。甘特图的思想简单,即以图示的方式,通过活动列表和时间刻度,形象地表示出任何特定项目的活动顺序与持续时间。基本是一幅线条图,横轴表示时间,纵轴表示活动(项目),线条表示在整个期间计划和实际的活动完成情况。它直观地表明任务计划在什么时候进行,及实际进展与计划要求的对比。由此可便利地弄清一项任务(项目)还剩下哪些工作要做,同时可以评估工作进度。

甘特图是基于作业排序的目的,将活动与时间联系起来的最早尝试之一。该图能帮助企业描述对诸如工作中心、超时工作等资源的使用情况。当用于负荷时,甘特图可以显示几个部门、机器或设备的运行和闲置情况。这表示了该系统的有关工作负荷状况,这样可使管理人员了解何种调整是恰当的。例如,当某一工作中心处于超负荷状态时,则低负荷工作中心的员工可临时转移到该工作中心以增加其劳动力,或者,高负荷工作中心的部分工作,可移到低负荷工作中心完成,多功能的设备也可在各中心之间转移。但甘特负荷图有一些重要的局限性,它不能解释生产变动,如意料不到的机器故障及人工错误所形成的返工等。甘特排程图可用于检查工作完成进度。它表明哪件工作如期完成,哪件工作提前完成或延期完成。在实践中还可发现甘特图的多种用途。

甘特图包含以下三个含义:

(1)以图形或表格的形式显示活动;

(2)一种通用的显示进度的方法;

(3)构造时应包括实际日历天和持续时间,并且不要将周末和节假日算在进度之内。

甘特图具有简单、醒目和便于编制等特点,在企业管理工作中被广泛应用。甘特图按反映的内容不同,可分为计划图表、负荷图表、机器闲置图表、人员闲置图表和进度表五种形式。图4-1显示了一周任务的工作进度,从中我们可以看到一周七天的工作进度,充分掌握各项任务的完成情况。

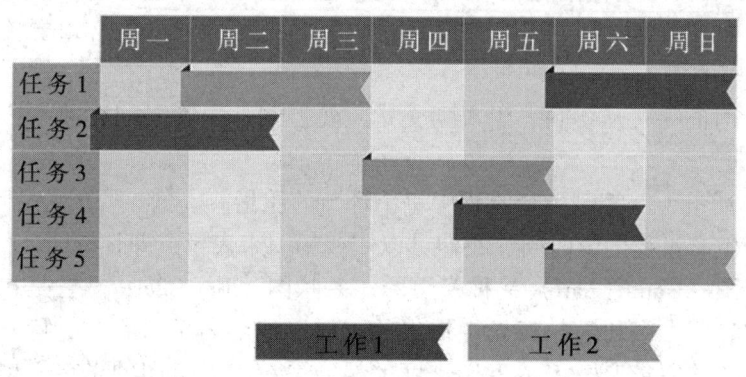

图4-1 甘特图

甘特图的作用:展示工作的开始及结束的时间,帮助调配资源及监控进度。

第二节 异常问题处理

一、异常问题的发现

当大规模生产取代手动生产方式时，标准化的工作立刻成了一门科学。现代化制造业与标准化，主要建立在工业工程原理上，该原理最早是由科学管理之父泰勒博士提出的。生产的标准化是减少产品发生异常问题的根本。

下面我们一起来看看 QA 和 IQC，QA 即英文 Quality Assurance 的简称，中文意思是品质保证，通过建立和维持质量管理体系来确保产品质量。质量控制的主要功能就是通过一系列作业技术和活动将各种质量变异和波动减少到最小程度。它贯穿于质量产生、形成和实现的全过程。QC 的工作主要是对成品、原辅料等的检验，QA 是对整个公司的一个质量保证，包括成品、原辅料等的放行、质量管理体系正常运行等。在质量管理发展史上先出现了"QC"，产品经过检验后再出货是质量管理最基本的要求。QC 职能是对生产加工过程中的管控及制程数据进行统计与分析，并将相关信息提供给其他部门。

IQC 的英文全称为 Incoming Quality Control，意思为来料质量控制。目前 IQC 的侧重点在来料质量检验上，来料质量控制的功能较弱。IQC 的工作方向是从被动检验转变为主动控制，将质量控制前移，把质量问题发现在最前端，减少质量成本，达到有效控制，并协助供应商提高内部质量控制水平。IQC 是对来料品质进行检验，指对采购进来的原材料、部件或产品做品质确认和查核，即在供应商送原材料或部件时，通过抽样的方式对产品进行检验，并最后做出该批产品是接收还是退换的判断。

IQC 是企业产品在生产前的第一个控制品质的关卡，如把不合格品放到制程中，则会导致制程或最终产品的不合格，造成巨大的损失。IQC 不仅影响公司最终产品的品质，还影响各种直接或间接成本。

在制造业中，对产品品质有直接影响的通常为设计、来料、制程、储运四大主项，一般来说，设计占 25%，来料占 50%，制程占 20%，储运占 1%~5%。综上所述，来料检验在公司产品质量中占压倒性的地位，所以要把来料品质控制提升到一个战略性地位来对待。

二、异常问题的分析

在产品整个的生产过程中,业务员要熟悉每一道流程,了解每道生产工序的质检要点。产品在流水线上每完成一道工序,必须要做的事情就是检验是否合格。遇到质量问题时,通常要按照如下步骤进行分析:

(1)了解情况;
(2)调查原因;
(3)找到解决问题的对策;
(4)评估对策的成效和风险;
(5)把新的流程方法标准化。

了解情况时要确定问题的范围和影响,是在生产线上的个别产品有问题,还是整个批次都有问题,分析这个问题可能给这个产品带来的隐患。在调查原因时,可以采用五个 Why 的方法,如图 4-2 所示。

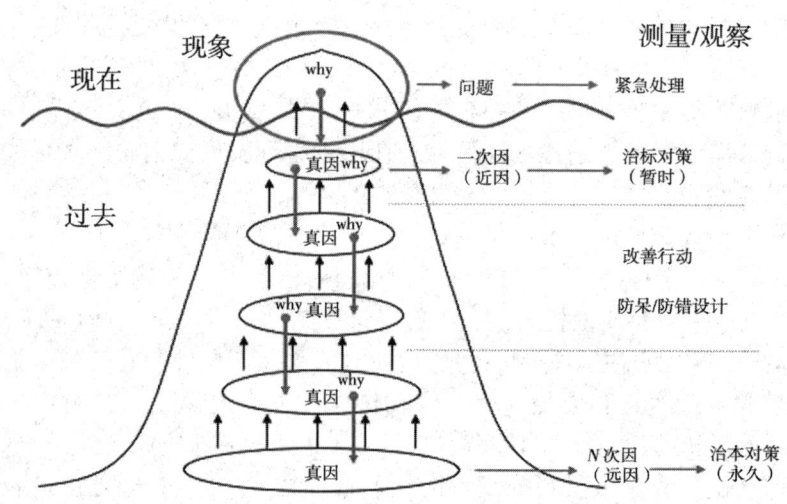

图 4-2 五 Why 分析法

所谓"五 Why 分析法",又称"五问法",也就是对一个问题点连续以五个"为什么"来自问,以追究其根本原因。虽为五个"为什么",但使用时不限定只做"五次为什么的探讨",主要是必须找到根本原因为止,有时可能只要三次,有时也许要十次,如古话所言:"打破砂锅问到底。""五问法"的关键所在:鼓励解决问题的人要努力避开主观或自负的假设和逻辑陷阱,从结果着手,沿着因果关系链条,顺藤摸瓜,直至找出问题的根本原因。

这种方法最初是由丰田佐吉提出的,后来,丰田汽车公司在发展完善其制造方法学的过程之中也采用了这一方法。作为丰田生产系统（Toyota Production System）入门课程的组成部分，这种方法成为其中问题求解培训的一项关键内容。丰田生产系统的设计师大野耐一曾经将"五问法"描述为："丰田科学方法的基础……重复五次，问题的本质及其解决办法随即显而易见。"目前，该方法在丰田之外已经得到了广泛应用，并且在持续改善法（Kaizen）、精益生产法（Lean Manufacturing），以及六西格玛法中也得到了采用。

"五问法"从三个层面来实施：

（1）为什么会发生？从"制造"的角度；

（2）为什么没有发现？从"检验"的角度；

（3）为什么没有从系统上预防事故？从"体系"或"流程"的角度。

每个层面连续五次或 N 次询问，得出最终结论。只有以上三个层面的问题都探寻出来，才能发现根本问题，并求得解决。

三、异常问题的处理方法

用上述"五问法"找到问题产生的根本原因，如果是原材料问题，就必须退换原材料。如果是操作问题，可以找生产主管协调改正。如果是工艺问题，需要马上暂停并整改工艺。通常出现问题较多的是操作问题，因为虽然在操作过程中使用的是机器，但机器也是由人工操作，个体差异还是很大的，出现问题的概率也会比较大。

四、异常问题总结

出现异常问题并解决后，并不能就此结束，这时有很重要的一个环节，那就是为避免异常问题再次发生，需要总结这次问题发生的原因并提出解决方案。

（1）召开质量控制会议。

（2）一定要在生产进度看板上标明，提醒相关人员提出。

（3）把新的流程方法标准化，并逐步优化。

第三节 后期包装整理

一、产品包装的类型

产品包装是在流通过程中为保护产品、方便贮运、促进销售,而按一定技术方法采用的容器、材料及辅助物等的总称。也指为了达到上述目的而在采用容器、材料及辅助物的过程中施加一定技术方法等的操作活动。

(一)按包装材料分类

根据包装所用的主要材料,产品包装分为纸包装、塑料包装、金属包装、玻璃包装、陶瓷包装、木包装、纤维织品包装、复合材料包装和其他天然材料包装等。

(二)按包装容器分类

包装容器是包装材料和形态相结合的产物,大致分类如表4-1所示。

表 4-1 按包装容器分类

分类	种类
按结构形态	盒类包装、箱类包装、袋类包装、瓶类包装、罐类包装、管类包装、盘类包装、桶类包装、筐篓类包装等
按结构特点	固定式包装、可拆卸式包装、折叠式包装等
按造型结构	便携式、易开式、开窗式、透明式、悬挂式、堆叠式、喷雾式、组合式、按造型结构式等包装
按刚性不同	软包装、硬包装、半硬包装
按质量水平	高档包装、中档包装和低档包装
按密封性能	密封包装和非密封包装

(三)按包装应用分类

不同的包装适用于不同的产品,根据不同用途可分为以下几类,如表4-2所示。

表4-2 按包装应用分类

分类	种类
按包装件所处空间位置	可分为内包装、中包装和外包装 内包装：直接与商品接触，在生产中与商品装配成一个整体，以销售为主要目的，一般随同商品销售给顾客，因而又称为销售包装或小包装，有直接保护、美化、宣传商品和促进商品销售的作用 中包装是指若干个单体商品或包装组成一个小的整体包装。它是介于内包装与外包装的中间包装，属于商品的内层包装 外包装（又称运输包装或大包装）是指商品的最外层包装。在商品流通过程中，外包装起着保护商品、方便运输、装卸和储存等方面的作用
按包装使用次数	可分为一次用包装、多次用包装（周转用包装） 一次用包装是指只能使用一次、不再回收重复使用的包装 多次用包装（周转用包装）是指回收后经适当的加工整理，仍可重复使用的包装
按包装使用范围	可分为专用包装和通用包装 专用包装是指专供某种或某类商品使用的一种或一系列的包装，如水泥袋等 通用包装是指一种包装能盛装多种商品，被广泛使用的包装容器
按包装适应社会群体	民用包装、公用包装、军用包装

二、出口包装的主要材料

一大堆备选材料摆在面前，到底该选哪些好呢？还是先来看看都有哪些主要的出口包装材料吧。

出口商品所用的主要包装材料有：纸包装、塑料包装、金属包装、玻璃包装、陶瓷包装、木质包装、纤维织品包装、复合材料包装、其他天然材料包装。

但是目前出口商品使用最多和最广泛的包装主要有木质包装材料、纸质包装材料、金属包装材料、塑料包装材料。

（一）木质包装材料

木质包装材料是人类使用最悠久的包装材料。木质包装材料（见图4-3）的优点是：相对于纸质、塑料包装强度要高；有一定的弹性；能承受冲击和振动作用；适合用于沉重的产品，如机械设备的外包装；有很强的耐久性；价格低廉。

图 4-3　木质包装材料

(二) 纸质包装材料

纸质包装材料是无污染、可降解的"绿色包装材料"。优点是来源丰富；具有良好的弹性和韧性；符合环保要求；可回收利用；防潮、轻质；成本低、废弃容易。

(三) 其他包装材料

金属包装材料按材质可以分为钢与铝。钢有镀锡钢板、镀锌钢板、镀铝钢板和低碳钢板。铝有板和箔，按厚度分可以分为板材和箔材。它的优点是高强度；有综合保护性和对外界阻隔性；有良好的加工成型性；工艺成熟。缺点是有金属残留物——铅、砷；内涂层（树脂）会影响内装物的质量，如图 4-4 所示。

图 4-4　金属包装材料

塑料是 20 世纪发展起来的新兴材料，极大地改变了整个商品包装的面貌。塑料在整个包装材料中所占比例仅次于纸和纸板。包装用塑料消费量占塑料总消费的 1/4，已在许多方面取代了传统的包装材料，节省了大量资源。例如，制成的塑料包装袋、包装盒、包装桶代替了金属包装袋、包装盒、包装桶，制成的塑料袋代替了纸袋。

塑料包装物包括软性的薄膜、纤维材料和刚性的成型材料。优点是：轻质、美观、耐腐蚀、可塑性强、易于加工和着色等。缺点是：强度不如钢铁、耐热不如玻璃、在外界因素的长期作用下易发生老化。有些塑料带有异味，有些有害成分可能渗入内装物，易产生静电而造成吸尘，塑料包装废弃物处理不当会造成环境污染，如图4-5所示。

图 4-5 塑料包装材料

三、出口包装纸箱跟单

当业务员在出口包装纸箱跟单时，首先要清楚我国瓦楞纸箱的种类（见表4-3），同时还要知道各类纸箱对瓦楞纸板的技术要求（见表4-4）。

表 4-3 我国瓦楞纸箱分类

种类	内装物最大重量/kg	最大综合尺寸/mm	瓦楞结构	代号					
				1 类		2 类		3 类	
				纸板	纸箱	纸板	纸箱	纸板	纸箱
单瓦楞纸箱	5	700	单瓦楞	S-1.1	BS-1.1	BS-2.1	BS-2.1	BS-3.1	BS-3.1
	10	1 000		S-1.2	BS-1.2	BS-2.2	BS-2.2	BS-3.2	BS-3.2
	20	1 400		S-1.3	BS-1.3	BS-2.3	BS-2.3	BS-3.3	BS-3.3
	30	1 750		S-1.4	BS-1.4	BS-2.4	BS-2.4	BS-3.4	BS-3.4
	40	2 000		S-1.5	BS-1.5	BS-2.5	BS-2.5	BS-3.5	BS-3.5
双瓦楞纸箱	15	1 000	双瓦楞	D-1.1	BD-1.1	BD-2.1	BD-2.1	BD-3.1	BD-3.1
	20	1 400		D-1.2	BD-1.2	BD-2.2	BD-2.2	BD-3.2	BD-3.2
	30	1 750		D-1.3	BD-1.3	BD-2.3	BD-2.3	BD-3.3	BD-3.3
	40	2 000		D-1.4	BD-1.4	BD-2.4	BD-2.4	BD-3.4	BD-3.4
	55	2 500		D-1.5	BD-1.5	BD-2.5	BD-2.5	BD-3.5	BD-3.5

表 4-4 各类纸箱对瓦楞纸板的技术要求

纸箱种类		纸板代号	耐破强度/kPa	边压强度/(N/m)	戳穿强度/(kg/cm)	含水量/%
单瓦楞	1类	S-1.1	588	4 900	35	10±2
		S-1.2	784	5 800	50	
		S-1.3	1 177	6 800	65	
		S-1.4	1 569	7 840	85	
		S-1.5	1 961	8 820	100	
	2类	S-2.1	409	4 410	30	
		S-2.2	685	5 390	45	
		S-2.3	980	6 370	60	
		S-2.4	1 373	7 350	70	
		S-2.5	1 764	8 330	80	
	3类	S-3.1	392	3 920	30	
		S-3.2	588	4 900	45	
		S-3.3	784	5 880	60	
		S-3.4	1 177	6 800	70	
		S-3.5	1 569	7 840	80	
双瓦楞	1类	D-1.1	786	6 860	75	10±2
		D-1.2	1 177	7 840	90	
		D-1.3	1 569	8 820	105	
		D-1.4	1 961	9 800	128	
		D-1.5	2 550	10 780	140	
	2类	D-2.1	686	6 370	90	
		D-2.2	980	7 350	85	
		D-2.3	1 373	8 330	100	
		D-2.4	1 756	9 310	110	
		D-2.5	2 158	10 290	130	
	3类	D-3.1	588	5 880	70	
		D-3.2	784	6 860	85	
		D-3.3	1 170	7 840	100	
		D-3.4	1 570	8 820	110	
		D-3.5	1 960	9 800	130	

(一)瓦楞纸箱的基本类型

欧洲瓦楞纸箱制造商联合会(FEFCO)制定的国际瓦楞纸箱箱型标准,

对瓦楞纸箱的各种基本箱型结构做了比较科学而且详尽的分类,根据瓦楞纸箱(包括纸箱的附件)的不同结构式样、工艺特点和使用功能归纳为以下七个基本类型。

1. 开槽型纸箱,代号02型

开槽型纸箱是一种最常用的外包装纸箱,它是由一片瓦楞纸板组成的。通过钉合、糊合或者用胶带黏合等方法将箱坯接合制成箱体,箱体顶部和底部的折翼(通常称上、下摇盖)可以很方便地构成箱底和箱盖。纸箱制成成品在运输储放时可以折叠展平,使用时将箱底箱盖封合即可。代号列为02字头的开槽型纸箱有20种式样,其中0210型开槽式瓦楞纸箱是目前运用最为广泛的型号,如图4-6所示,通常被称作标准型外包装瓦楞纸箱结构箱型。

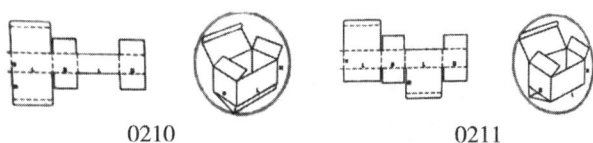

图4-6 代号02型开槽型纸箱

2. 套合型纸箱,代号03型

套合型纸箱一般由两三片瓦楞纸板组合而成,其特点是箱盖与箱底分开,使用时才套接起来构成箱的整体,这种箱型一般比较适用于堆叠负载强度要求高的包装,如图4-7所示。

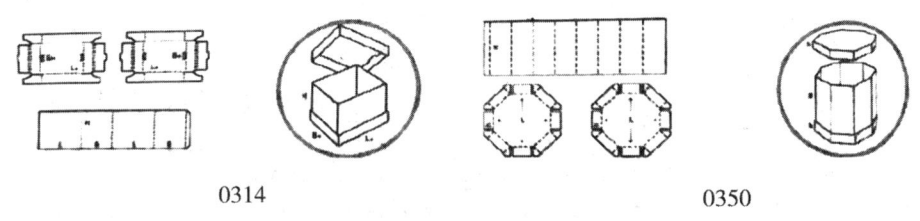

图4-7 代号03型套合型纸箱

3. 折叠型纸箱,代号04型

折叠型纸箱通常只需用一片瓦楞纸板便可折叠组成整个箱体的侧面和底、盖,且不需钉合或糊合,如果需要还可以按设计要求加制启闭锁扣、展示窗、内隔衬以及提手等。这种箱型宜用于制作容积较小的中小型包装箱(盒),具有一定的销售包装功能,如图4-8所示。

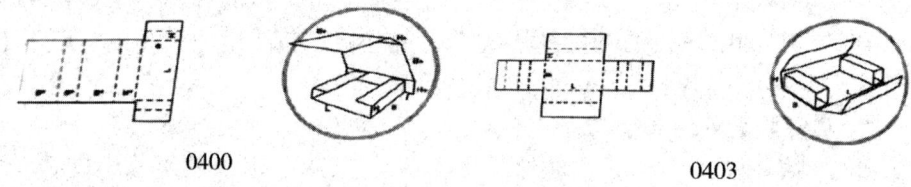

图 4-8 代号 04 型折叠型纸箱

4. 滑入型纸箱，代号 05 型

滑入型纸箱一般由两片瓦楞纸板组成，即以其中一片构成内套，而后按设定的方位滑入另一片构成的外套。这一类型纸箱多用来制作小型的内包装箱（盒），如图 4-9 所示。

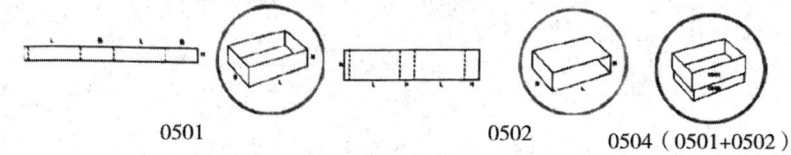

图 4-9 代号 05 型滑入型纸箱

5. 硬体型纸箱，代号 06 型

硬体型纸箱由三片瓦楞纸板组成，其基本结构是将两个端片钉合在箱体的两侧，成型后便无法折叠展平，如图 4-10 所示。

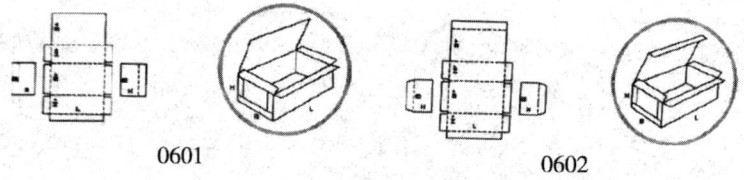

图 4-10 代号 06 型硬体型纸箱

6. 预粘型纸箱，代号 07 型

预粘型纸箱是由一片瓦楞纸板构成的，制成品可以折叠展平便于运输。使用时只需预先做简单的黏合嵌固便可成型。此 07 型纸箱多作为中、小型包装箱或盒使用，如图 4-11 所示。

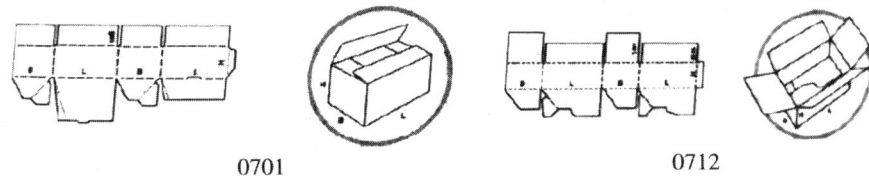

图 4-11　代号 07 型预粘型纸箱

7. 内配件，代号为 09 型内配件系列

纸箱的内配件包括套板、衬垫、格挡、隔片等。

我国国家标准 GB/T 6543—2008《运输包装用单瓦楞纸箱和双瓦楞纸箱》关于基本箱型和代号的规定，基本上采用了 FEFCO 的分类方法，只是依据我国国情有所改动。GB/T 6543—2008 将瓦楞纸箱的基本箱型分为三种：即开槽型纸箱，代号 02 型；套合型纸箱，代号 03 型；折叠型纸箱，代号 04 型。同时，将瓦楞纸箱的内部配件以"纸箱附件"的条目单独另列，如图 4-12 所示。

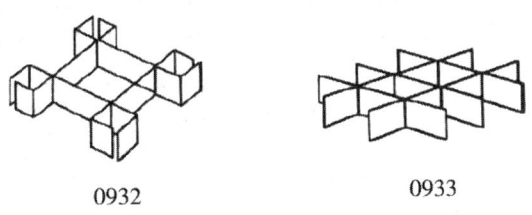

图 4-12　代号 09 型内配件系列

（二）瓦楞纸箱规格选择

1. 用简单的加法计算纸箱的综合尺寸，综合尺寸等于纸箱的长加宽，再加高。即综合尺寸 = 长+宽+高。

2. 纸箱一般对能够承载的货物的最大重量有要求。根据综合尺寸和瓦楞纸箱每箱净重查表 4-3，将符合条件的纸板代号选出来。

3. 选出符合条件的纸板代号后，再查表 4-4，根据耐破强度、边压强度和戳穿强度的指标要求，选择最符合要求的纸箱和纸板代号。

（三）纸箱的设计与测试

纸箱的设计过程包括了构思、制作、试装试验等步骤。

1. 构思

构思是指在综合客户要求、包装材料选取等主要因素后所进行的设计行为。成熟的设计构思大体包括以下几个方面的内容：纸箱内产品数量和排列结构、纸箱的尺寸要求、纸箱材料的选配、纸箱包装的制作成本、运输费用、安全性等。

2. 制作

在构思后，制作纸箱样品。制作样品的目的是为了通过对具体实物的观测，校验造型结构是否合理、尺寸是否正确。

3. 试装试验

将包装内容物按设定的数量和方位装入基本定型的纸箱内，并根据要求，采用一定的测试手段进行必要的试验，以便验证纸箱的实际包装效果是否理想。通常有两种方法：

（1）专用机器设备法，是使用专用设备"跌落试验机"将纸箱进行斜面冲击试验、振动试验和六角鼓回转试验的方法。斜面冲击试验是将纸箱放在滑车上，然后将其从一定高度的斜面上滑下，最后撞击在挡板上，是模拟商品在运输过程中的紧急刹车状况。"振动试验"是将纸箱包装商品置于振动台上，使其受到水平或垂直方向的振动力，经一定时间的振动后，检查纸箱对商品的保护程度。"六角鼓回转试验"是将纸箱放入装有冲击板的六角回转鼓内，按规定转数、次数进行转动，然后检验商品或纸箱的破损程度。

（2）模拟跌落试验法，是将内装商品的纸箱按不同姿势和次数从规定高度自由跌落以检验纸箱对商品的保护程度的方法。具体做法是选择平整的水泥或石质地面，将内含商品的纸箱以一定高度（视包装的毛重而定）按一角、棱（边）、面的顺序自由跌落，然后目测外箱体是否有破损，并且检测箱内产品的外观及品质受损程度。

四、部分国家出口包装环保要求

为了更好地完成每一笔订单，需认真研究国外包装环保方面的安全法规。为了减少包装物品对环境的污染，保证包装用品安全，国外已经出台了很多相关法律法规，对包装企业的生产原料、生产过程、产品质量检验和产品回收等都提出了严格的要求。

（一）欧盟《包装和包装废弃物指令》

欧盟于1994年颁布了《包装和包装废弃物指令》（94/62/EC，Packaging and Packaging Waste Directive，PPWD）（以下简称《指令》），之后又陆续发布了该指令的修订指令2004/12/EC和2005/20/EC，其目的是减少包装废弃物的产生，鼓励包装材料及其废弃物的再利用，降低包装和包装废弃物对环境的不良影响。

据介绍，该《指令》适用于投放欧盟市场所有的包装及各类包装废弃物，包括工业、商业、办公室、商店、服务、家庭或任何其他范围所使用的包装物料或包装废弃物。

基于环境与生命安全、能源与资源合理利用的要求，防止产生废弃包装物，该《指令》首先对全部的包装和包装材料，以及包装的管理、设计、生产、流通、使用和消费等所有环节提出了相应的要求和应达到的目标。其次，作为附加的基本原则，该《指令》对包装物的再使用、再循环和实现其他形式的废弃物的回收，以及由此减少对此类废弃物的最终处理量进行了规定。

该《指令》主要分两部分内容，即包装和包装废弃物含有害于环境的物质的限制和降低资源消耗的措施。技术内容涉及包装与环境、包装与生命安全、包装与能源和资源的利用。基于这些要求和目标，该《指令》又派生出了具体的技术措施。

另外，对喷墨有具体实施的措施还有相关的指令、协调标准及合格评定制度。在修正指令 2004/12/EC 中还规定包装的整体回收率为 60%、再循环率为 55%，其中包装中的玻璃、纸或纸板、金属、塑料、木材再处理率分别应达到 60%、60%、50%、25% 和 15%。铅、镉、汞和六价铬等重金属含量总和不超过 100 毫克/千克。

此外，欧洲在直接接触食品的包装材料方面的现行法规还有：89/109/EEC、90/128/EEC、82/711/EEC 和 85/572/EEC，其中规定塑料包装材料中物质的总迁移量不得超过 60 毫克/千克。

(二)《美国联邦法规》第 21 章

《美国联邦法规》（*The Code of Federal Regulations*，CFR）第 21 章 170~178 部分也对关联包装做出了严格规定。

其主要内容包括：食品必须在符合卫生要求的条件下进行包装，食品包装材料的生产必须依据"良好的管理规范"（Good Manufacturing Practices，GMP），与食品接触的包装材料及其组成成分必须符合要求。并且规定生产企业必须通过相关的认证。

对于与食品接触的包装材料，美国相关法规指出食品包装材料中的活性物质迁移到食品是造成食品不安全的重要原因。因而将此类活性迁移物质定义为间接食品添加剂，而且与食品接触的材料必须符合美国食品药品监督管理局（Food and Drug Administration，FDA）的规定。美国进口的食品包装或用于食品包装的材料，都必须经过美国食品药品监督管理局严格的迁移测试。

(三) 日本的相关法规

日本食品包装不需要市场准入许可，标准属于自愿执行的范畴。包装生产商、销售商和进口商必须得到日本政府部门厚生省的认同，食品安全法授权厚生省制定某种材料的安全标准,如果日本没有相应的标准,可参照美国食品药品监督管理局的相关标准。

第四节 产品检验检测

产品检验检测指用工具、仪器或其他分析方法检查各种原材料、半成品、成品是否符合特定的技术标准、规格的工作过程。对产品或工序中的实体,进行度量、测量、检查和实验分析,并将结果与规定值进行比较和确定是否合格所进行的活动。

一、产品检验范围

产品检验的范围包括如下方面。
(1) 款式是否与确认样相同。
(2) 规格是否符合工艺和样品的要求。
(3) 产品整体形态是否良好。
(4) 产品和配件外观是否清洁,是否能看到或用手摸到灰尘和脏污。
(5) 包装是否符合要求。

二、产品检验的标准

标准是一种经充分协商一致制定,并由公认机构批准,为在一定范围内获得最佳秩序并促进最佳的共同利益,具有共同和重复使用特征的,以科学、技术的综合成果为基础的一种规范。

在跨境电商业务中检验标准是商检机构对产品实施检验的根本依据。即使是同一种产品,对其实施的检验标准和方法不同,都有可能会出现不同的检验结果。因此,产品检验的标准必须明确,检验标准的具体内容应该视产品的种类、特征和不同国家的相关法律法规而定。

国际上对产品检验的标准一般分为三类。
(1) 买卖双方自行制定的具有法律约束力的标准。
(2) 交易国制定的须强制执行的标准。
(3) 国际上具有权威的机构制定的权威检验标准。

对于这些标准我们可以重点看看国际通用的和我国实行的几个标准:
(1) 国际标准化组织于 1987 年颁布并提出的在全世界范围内通用的关于

质量管理和质量保证方面的系列标准 ISO9000 标准。ISO9000 标准是世界上许多经济发达国家质量管理实践经验的科学总结，它规范了企业内从原材料采购到成品交付的所有过程，涉及企业内从最高管理层到最基层的全体员工，以确保该企业能够稳定地提供合格产品或服务，为组织提供了具有科学性的质量管理和质量保证的方法和手段。

（2）根据《中华人民共和国标准法》和《中华人民共和国标准法实施条例》的规定，我国的产品标准分为国家标准、行业标准、地方标准（DB）和企业标准（Q）四类。其中国家标准是指由国家标准化机构或国家政府授权的有关机构批准、发布，在全国范围内统一和适用的标准。中国的标准代号分为 GB 和 GB/T。国家标准的编号由国家标准的代号、国家标准发布的顺序号和国家标准发布的年号（发布年份）构成。GB 代号国家标准含有强制性条文及推荐性条文。GB/T 代号国家标准为推荐性全文。强制性条文是保障人体健康、人身、财产安全的标准和法律及行政法规规定强制执行的国家标准；推荐性国标是指生产、检验、使用等方面，通过经济手段或市场调节而自愿采用的国家标准。但推荐性国标一经接受并采用，或各方商定同意纳入经济合同中，就成为各方必须共同遵守的技术依据，具有法律上的约束性。行业标准是指全国性的行业范围内统一执行的标准，例如："FZ"为纺织行业标准。地方标准是由地方（省、自治区、直辖市）标准化主管机构或专业主管部门批准、发布，在某一地区范围内统一执行的标准。其编号由四部分组成：DB（地方标准代号）+省、自治区、直辖市行政区代码前两位+／+ 顺序号+年号。企业标准是指企业所制定的产品标准和在企业内需要协调、统一的技术要求和管理、工作要求所制定的标准，一般以 Q 开头。

第五节 课后练习题

一、单项选择题

1．"生产日报表"检查（　　）。
A．每天生产情况　　　　　　B．每周生产情况
C．每月生产情况　　　　　　D．每年生产情况

2．以下不属于生产进度跟单的流程是（　　）。
A．下达生产通知单　　　　　B．制订生产计划

C. 跟进生产进度 D. 扩充生产人员计划
3. 绿色包装材料是指（　　）。
A. 纸质包装 B. 木质包装
C. 所有可回收再利用的包装材料 D. 塑料包装
4. 销售包装的作用不包括（　　）。
A. 便于陈列 B. 便于使用
C. 有利于增加销量 D. 保护货物以免受损坏
5. 相对而言，以下哪类包装材料的使用不是很普遍？（　　）
A. 塑料 B. 纸
C. 木材 D. 陶瓷

二、判断题

1. 数量增加对生产进度的影响较大，因此必须拒绝客户临时增加数量的要求。（　　）
2. 生产进度跟单的核心是生产计划，它的制订及实施直接关系到生产与交货的成败，业务员必须高度重视。（　　）
3. 交货期提前对生产有较大的影响，因此必须拒绝客户提前交货的要求。（　　）
4. 纸板箱主要用于运输包装。（　　）
5. 开槽型纸盒9代号为02型。（　　）

三、简答题

1. 简述质量的概念。
2. 产品检验的标准有哪些？
3. 出口包装的主要材料有哪些？
4. 简述甘特图包含的三个含义。
5. 纸质包装有哪些优点？

# 第五章　订舱出运

【本章重点】

本章的主要内容分为三个部分：船公司及货运代理的选择、订舱出货和物流跟进。通过本章的学习，大家可以了解国际货运基本知识和国际货物买卖中的运输方式，熟悉船公司及货运代理的选择方式，从而掌握订舱出货和物流跟进的流程。首先，大家可以清楚地了解国际货物买卖中的各种运输方式和最常用的运输方式，同时熟悉国际货运基本知识。其次，通过订舱出货环节的学习，大家可以掌握询价选价、委托订舱、拖柜或发货、提单和报关等各方面的内容，熟悉整个流程，为以后的实际操作打下良好坚实的基础。最后，在物流跟进方面，通过本章知识点的学习，读者能够熟悉快递和海运跟进这两个部分的内容，深入了解物流跟进的流程。

【学习目标】

本章旨在让学习者了解国际货运基本知识和国际货物买卖中的运输方式，熟悉船公司及货运代理的选择方式，从而掌握订舱出货和物流跟进的流程。

通过本章学习，学习者能够掌握以下知识：
1. 如何选择船公司和货运代理；
2. 了解订舱出货的基本流程。

【基本概念】

　　国际货物买卖中的运输方式、国际货运基本知识、船公司、国际货运代理、询价选价、委托订舱、拖柜或发货、报关、提单确认和提单

【建议学习时间】

　　本章学习需要四课时

第五章 订舱出运

第一节 船公司及货运代理的选择

本节案例导引：小王今天心情特别好，几天前客户下的订单货物今天终于全部生产完毕，可以顺利出货了。突然小王反应过来还没订舱呢，可是货运他并不太熟悉，如何选择合适的船公司这可是个大问题。看样子小王需要恶补基本海运知识、船公司基本情况、货运代理的职责、如何选择货运代理等内容。

一、国际货物买卖中的运输方式

（一）海洋运输

海洋运输又称"国际海洋货物运输"，是国际物流中最主要的运输方式，指的是使用船舶通过海上航道在不同国家和地区的港口之间运送货物的一种方式，在国际货物运输中最广泛。它具有运输量大、运费低廉、不受道路和轨道限制的优点，因此也是我国对外贸易货物运输中最主要的运输方式。目前，海洋运输占国际贸易总运量中的 2/3 以上，占中国进出口货运总量的约 90%。海洋运输对国际贸易的贡献是巨大的。

（二）铁路运输

铁路运输是我国对外贸易运输中又一重要的运输方式。它具有运输量大、安全可靠、运输准确以及连续性强等优点。

（三）航空运输

航空运输是一种现代化的运输方式。它与海洋运输、铁路运输相比，具有交货迅速、准确方便、节省包装、减少保险和储存费用、保证运输质量且不受地面条件限制等优点。在国际贸易中，航空运输特别适合于易腐、鲜活的商品及季节性强的商品。

（四）公路、内河、邮政和管道运输

1. 公路运输

公路运输（Road Transport）是外贸货物运输的方式之一，它与铁路运输同为陆上运输的基本方式。

其特点是：灵活机动，简捷方便，可以深入可通公路的各个角落，在"门到门"运输中非常重要。但是公路运输载货有限，运输成本高，运输风险

也较大。

2. 内河运输

内河运输（Inland Waterway Transport）是水上运输的组成部分。它是连接内陆腹地和沿海地区的纽带，也是边疆地区和邻国边境河流的连接线。

3. 邮政运输

邮政运输（Parcel Post Transport）是一个较简便的运输方式。主要涉及函件和包裹两大类。

4. 管道运输

管道运输（Pipeline Transport）是一种特殊的运输方式。它是货物在管道内借助于高气压泵的压力输往目的地的一种运输方式，主要适用于运输液体和气体货物。它具有固定投资大、建成后运输成本低的特点。

5. 集装箱运输

集装箱运输（Container Transport）是以集装箱运输单位进行货物运输的一种现代化运输方式。适用于海洋运输、铁路运输、公路运输、航空运输、内河运输与国际多式联运等。

各类运输方式的对比如表5-1所示。

表5-1 各类运输方式的对比

运输方式	特点	优点	缺点	适用情况
公路运输	汽车现已成为公路运输的主要运载工具，所以现代公路运输主要指汽车运输	①机动灵活 ②项目投资小，经济效益高 ③操作人员容易培训 ④包装简单，货损少 ⑤运费比较便宜	①运输能力小 ②运输能耗高 ③运输成本高 ④劳动生产率低 ⑤占地多、污染重	①内陆地区近距离的独立运输 ②补充和衔接其他运输方式

表5-1 续1

运输方式	特点	优点	缺点	适用情况
铁路运输	铁路是现代最重要的货物运输方式之一,它为货物在异地的交换发挥了重要的作用,它在技术性能、经济指标上有许多其他运输方式所不具备的优势	①运输能力大 ②运输速度快 ③运输成本低 ④运送时间准 ⑤运输能耗低 ⑥通用性能好、安全性高	①灵活性差 ②投资较大 ③建设周期长、占地多 ④运输时间长 ⑤货损率高	①内陆地区大宗低值货物的中、长距离运输 ②大批量、时间性强、可靠性要求高的一般货物和特种货物的运输 ③大批量货物一次性、高效率运输 ④散装货物、罐装货物的运输
水路运输	在现代运输方式中,水路运输是一种最古老、最经济的运输方式。水路运输的重要特点是利用天然水道,进行大吨位、长距离的运输	①运输能力大 ②运输成本低 ③建设投资少 ④劳动生产率高 ⑤平均运距长 ⑥通用性能好 ⑦运输地位独特	①运输速度慢 ②受自然条件的影响大 ③可达性差	①运距长、运量大、时间性不太强的各种大宗货物的运输 ②特别适用于使用集装箱进行的运输以及国际贸易远洋大批量物资的运输
航空运输	由于其突出的高速、直达性,因此在交通运输系统中具有特殊的地位及很好的发展潜力	①高速、直达性 ②安全性高 ③经济价值独特 ④包装要求低	①载运量小 ②投资大,成本高 ③易受气候条件限制 ④可达性差	①国际运输 ②特殊货物的运输

表5-1 续2

运输方式	特点	优点	缺点	适用情况
管道运输	19世纪最早开始用于石油原油的运输20世纪60年代开始用于运输煤浆近年来，管道运输被进一步用于解决散状物料、成件货物、集装物料的运输，容器式管道运输系统也在发展	①运输量大②管道建设周期短、费用低③占地少④运输安全可靠，连续性强⑤能耗小、成本低、效益好⑥不受气候影响	①灵活性差②功能单一③当运量明显不足时，运输成本会显著增加	①单向、定点、量大的流体状且连续不断货物的运输②利用容器包装运送固态货物也具有良好的发展前景

鉴于海洋运输的各项优势，目前在国际贸易中主要以海洋运输为主。

二、国际货运基本知识

集装箱（Container）是指具有一定强度、刚度和规格专供周转使用的大型装货容器。使用集装箱转运货物，可直接在发货人的仓库装货，运到收货人的仓库卸货，中途更换车、船时，无须将货物从箱内取出换装。因此说集装箱是一种伟大的发明。

集装箱最大的成功在于其产品的标准化以及由此建立的一整套运输体系。能够让一个载重几十吨的庞然大物实现标准化，并且以此为基础逐步实现全球范围内的船舶、港口、航线、公路、中转站、桥梁、隧道、多式联运相配套的物流系统，这的确堪称人类有史以来创造的最伟大的奇迹之一。

集装箱的尺寸及类型如表5-2所示。

表5-2 集装箱的尺寸及类型

箱型尺寸	20GP	40GP	40HQ	45HQ	20FR	40FR	20PF	40PF	20RF	40RF	40HRF
内长/m	5.9	12.036	12.036	13.58	5.62	12.08	6.058	12.18	5.425	11.493	11.557
内宽/m	2.35	2.35	2.35	2.347	2.2	2.438	2.438	2.4	2.275	2.27	2.294
内高/m	2.393	2.392	2.697	2.269	2.233	2.103	2.233	1.95	2.26	2.197	2.5
门宽/m	2.342	2.34	2.338	2.34	—	—	—	—	2.258	2.282	2.294
门高/m	2.28	2.28	2.585	2.585	—	—	—	—	2.216	2.155	2.44
容积/m³	30	67.7	76.3	86	—	—	—	—	28.3	57.8	66.6
柜重/ton	2.23	3.7	3.97	3.8	2.53	5.48	2.75	5.8	3.2	4.9	4.5
载重/ton	21.77	26.78	26.51	28.7	21.47	39	24	39.2	20.8	25.58	25.98

集装箱类型	用途
干货集装箱	装运一般成件及贵重、高档、易碎等货物
冷藏集装箱	装运需冷冻或需保持一定温度的货物
保温集装箱	装运怕冻货物
通风集装箱	装运新鲜水果等怕热、怕闷货物
开顶集装箱	装运较重、较大不宜在箱门掏装的货物
板架集装箱	装运笨重、大件货物
罐式集装箱	装运液体货物
其他专用集装箱	装运有特殊要求的其他货物，如毒品、危险品、散货等

注：GP=General Purpose（普柜），HQ=High Cube（高柜），HRF=High Reefer（高冷冻柜），FR=Flat Rack（框架柜），PF=Platform（平板柜），RF=Reefer（冷冻柜）。

（一）按使用材料分类

根据箱子主体部件（侧壁、端壁、箱顶等）采用哪种材料，就称为该材料制造的集装箱，按使用材料分类，集装箱可分成三种。

（1）铝合金集装箱，优点是质量轻，外表美观，防腐蚀，弹性好，加工方便以及加工费、修理费低，使用年限长；缺点是造价高，焊接性能差。

（2）钢制集装箱，优点是强度大、结构牢、焊接性高、水密性好、价格低廉；缺点是质量大、防腐性差。

（3）玻璃钢制集装箱，优点是强度大、刚性好、内容积大、隔热、防腐、耐化学性好、易清扫、修理简便；缺点是质量大、易老化、拧螺栓处强度降低，如图 5-1 所示。

图 5-1　玻璃钢制集装箱

（二）按结构分类

按结构分类集装箱可分为三类：

1. 内柱式（Linterior Post Type Container）与外柱式集装箱（Outsider Post Type Container），主要指铝合金集装箱，内柱式集装箱是指侧柱（或端柱）位于倒壁或端壁之内；外柱式集装箱是指侧柱（或端柱）位于倒壁或端壁之外。

2. 折叠式集装箱（Collapside Container），指集装箱的主要部件（侧壁、端壁和箱顶）能简单地折叠或分解，再次使用时可以方便地再组合起来。

3. 薄壳式集装箱（Monocoque Container），是把所有部件组成一个钢体，它的优点是质量轻，可以适应所发生的扭力而不会引起永久变形，如图 5-2 所示。

图 5-2　薄壳式集装箱

（三）按使用目的分类

1. 普通集装箱

普通集装箱，又称干货集装箱（Dry Container），以装运件杂货为主，通常用来装运文化用品、日用百货、医药、纺织品、工艺品、化工制品、五金交电、电子机械、仪器及机器零件等。这种集装箱占集装箱总数的 70%~80%。除了冷冻货、活的动物和植物之外，在尺寸、质量等方面适合集装箱运输的货物，均可使用普通集装箱，如图 5-3 所示。

图 5-3　普通集装箱

2. 冷冻集装箱

冷冻集装箱（Reefer Container）分内置式和外置式两种。温度可在-60℃~30℃调整。内置式集装箱在运输过程中可随意启动冷冻机，使集装箱保持指定温度；而外置式则必须依靠集装箱专用车、船和专用堆场、车站上配备的冷冻机来制冷。这种箱子适合在夏天运输黄油、巧克力、冷冻鱼肉、炼乳、人造奶油等物品，如图 5-4 所示。

图 5-4　冷冻集装箱

3. 开顶集装箱

开顶集装箱，又称敞顶集装箱、开顶柜（Open Top Container），这种集装箱没有箱顶，但有可折式顶梁支撑的帆布、塑料布或涂塑布制成的顶篷，可用起重机从箱顶上面装卸货物，装运时用防水布覆盖顶部，其水密要求和干货箱一样。适合于装载玻璃板、钢制品、机械等重货，如图 5-5 所示。

图 5-5　开顶集装箱

4. 框架集装箱

框架集装箱（Flat Rack Container）没有箱顶和两侧，其特点是从集装箱侧面进行装卸。以超重货物为主要运载对象，还便于装载牲畜，以及诸如钢材之类可以免除外包装的裸装货。还可以便于大型超宽，超高货物的吊装，如图 5-6 所示。

图 5-6　框架集装箱

5. 牲畜集装箱

牲畜集装箱（Pen Container）这种箱子侧面采用金属网，通风条件良好，而且便于喂食。是专为装运牛、马等活动物而制造的特殊集装箱，如图 5-7 所示。

图 5-7　牲畜集装箱

6. 罐式集装箱

罐式集装箱（Tank Container）又称液体集装箱，是为运输食品、药品、化工品等液体货物而制造的特殊集装箱。其结构是在一个金属框架内固定一个液罐。国际标准罐是一种安装于紧固外部框架内的不锈钢压力容器。罐体内胆大多采用 316 不锈钢制造。多数罐箱有蒸气或电加热装置、惰性气体保护装置、减压装置及其他流体运输及装卸所需的可选设备，如图 5-8 所示。

图 5-8　罐式集装箱

7. 平台集装箱

平台集装箱（Platform Container）形状类似铁路平板车，是具有高承载能力的底板而且没有上部结构的集装箱。适宜装超重超长货物，长度可达 6 米以上，宽 4 米以上，高 4.5 米左右，质量可达 40 000 千克。两台平台集装箱可以联结起来，装 80 000 千克的货，用这种箱子装运汽车极为方便，如图5-9所示。

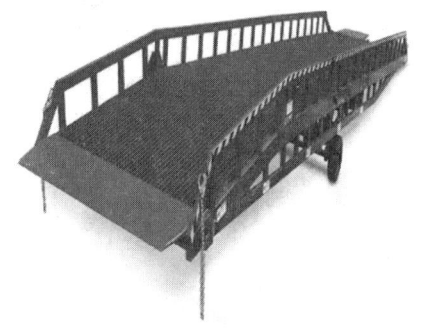

图 5-9　平台集装箱

8. 通风集装箱

通风集装箱（Ventilated Container）箱壁设有 4~6 个通风孔，内壁涂塑料层，适宜装新鲜蔬菜和水果等怕热、怕闷的货物，如图 5-10 所示。

图 5-10　通风集装箱

9. 保温集装箱

保温集装箱（Insulated Container）内有隔热层，箱顶有能调节角度的进出风口，可利用外界空气和风向来调节箱内温度，紧闭时能使内装货物在一定时间内不受外界气温影响。适宜装运对温湿度敏感的货物，如图 5-11 所示。

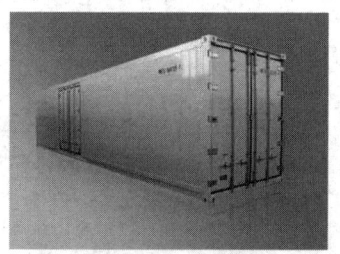

图 5-11　保温集装箱

10. 散装货集装箱

散装货集装箱（Bulk Container）一般在顶部设有 2~3 个小舱口，以便装货。底部有升降架，可升高成 40°的倾斜角，以便卸货。这种箱子适宜装粮食、水泥等散货。如要进行植物检疫，还可在箱内熏舱蒸洗，如图 5-12 所示。

图 5-12　散装货集装箱

11. 散装粉状货集装箱

散装粉状货集装箱（Freeflowing Bulk Material Container），它与散装箱基本相同，但装卸时使用喷管和吸管，如图 5-13 所示。

图 5-13　散装粉状货集装箱

12. 挂式集装箱

挂式集装箱（Dress Hanger Container）是适合于装运服装类商品的集装箱，如图 5-14 所示。

图 5-14　挂式集装箱

随着国际贸易的发展，商品结构不断变化，今后还会出现各种不同类型的专用或多用集装箱。

(四) 交接方式

在集装箱运输中，整箱货和拼箱货在船货双方之间的交接方式有以下几种：

(1) 门到门（Door to Door）：由托运人负责装载的集装箱，在其货仓或厂库交承运人验收后，负责全程运输，直到收货人的货仓或工厂仓库交箱为止。这种全程连线运输，称为"门到门"运输。

(2) 门到场（Door to Cy）：由发货人货仓或工厂仓库至目的地或卸箱港的集装箱装卸区堆场。

(3) 门到站（Door to Cfs）：由发货人货仓或工厂仓库至目的地或卸箱港的集装箱货运站。

(4) 场到门（Cy to Door）：由起运地或装箱港的集装箱装卸区堆场至收货人的货仓或工厂仓库。

(5) 场到场（Cy to Cy）：由起运地或装箱港的集装箱装卸区堆场至目的地或卸箱港的集装箱装卸区堆场。

(6) 场到站（Cy to Cfs）：由起运地或装箱港的集装箱装卸区堆场至目的地或卸箱港的集装箱货运站。

(7) 站到门（Cfs to Door）：由起运地或装箱港的集装箱货运站至收货人的货仓或工厂仓库。

(8) 站到场（Cfs to Cy）：由起运地或装箱港的集装箱货运站至目的地或卸箱港的集装箱装卸区堆场。

(9) 站到站（Cfs to Cfs）：由起运地或装箱港的集装箱货运站至目的地或卸箱港的集装箱货运站。

（五）海运费的组成

1. 海运费

海运费=基本费率（Basic Rate）+附加费（Surcharges）

(1) 基本费率：指每一计费单位（如一运费吨）货物收取的基本运费。基本费率分为等级费率、货种费率、从价费率、特殊费率和均一费率。

(2) 附加费：为了保持在一定时期内基本费率的稳定，又能正确反映出各港的各种货物的航运成本，班轮公司在基本费率之外，又规定了各种费用。附加费可以按照一计费吨收，也可按基本运费的一定比例收。

2. 常见的海运附加费

(1) 码头费（Terminal Handling Charge，THC）。

(2) 文件费（提单费等）（Documentation Fee，DOC）。

(3) 原产地收货费（Original Receving Charge，ORC）。

(4) 拼箱费（CFS Charge），通常在走散货时收取，而整柜则不收取。

3. 其他特殊附加费

(1) 燃油附加费（Bunker Adjustment Factor，BAF）通常在燃油价格突然上涨时加收。

(2) 货币贬值附加费（Currency Adiustment Factor，CAF）。

(3) 反恐信息费（Advanced Manifest System，AMS），在美国线这是必须收取的一个费用。一般来说，25美元/票，到加拿大的港口也要收取该费用。另外，一些开往中南美的船，若中途经过美国或者加拿大，这个费用也要收取。

（4）燃油价调整附加费（Fuel Adjustment Factor，FAF），用于日本航线。

（5）综合费率上涨附加费、全部费率调高附加费（General Rate Increasing，GRI），用于非洲航线、南美航线、美国航线。

（6）超重附加费（Heavy-Lift Additional，HLA）、超长附加费（Long length Additional，LLA）和超大附加费（Surcharge of Bulky Cargo，SBC）为当一件货物的毛重或长度或体积超过或达到规定的数值时加收的附加费。

（7）港口拥挤附加费（Port Congestion Surcharges，PCS），或者说码头拥挤附加费。

（8）港口安全设施费（International Ship and Port Facility Security，ISPS），或者称港口安保费。这个费用一般说来很低廉，以美元作为计费单位。按照每个集装箱收取费用。根据船公司的不同，费用会略有不同。

（9）战争附加费（War Surcharge，WRS）或者称为战险。这个费用主要在地中海航线的 Lattakia（叙利亚）、Haifa（以色列）、Ashdod（以色列）、Beirut（黎巴嫩）这几个港出现。

（10）旺季附加费（Peak Season Surcharges，PSS），海运旺季船公司为弥补因为业务繁忙、人手投入增加和机械损耗增大导致的成本上升而收取的一项费用，在欧洲线比较常见。

(六) 港口和航行

1. 基本港

通常用于班轮运价计算时的一种术语，是指定班轮公司的船一般要定期挂靠的、大多数位于中心的较大口岸的、设备条件比较好、货载多而稳定并且不限制货量的港口。基本港口的货物一般为直达运输，无须中途转船。

2. 国际海运的主要航线

（1）远东—北美航线。

（2）北美—欧洲、地中海航线。

（3）欧洲、地中海—远东航线。

（4）远东—澳大利亚航线。

（5）澳大利亚、新西兰—北美航线。

（6）欧洲、地中海—西非、南非航线。

（7）南美航线。

三、船公司

截至 2018 年 9 月，全球排名前十位的班轮公司运力约占全球 100 大集装箱班轮公司的82%。

全球十大集装箱船公司运力排名出现较大变化，榜单排位如表5-3所示。

表5-3 全球十大集装箱船公司运力排名

航运公司	世界排名	创立时间	国家	总部	船数
马士基航运	第一位	1904年	丹麦	哥本哈根	714
地中海航运	第二位	1970年	瑞士	日内瓦	515
中远海运	第三位	1997年	中国	上海	479
达飞海运	第四位	1978年	法国	马赛	508
赫伯罗特航运	第五位	1970年	德国	汉堡	219
海洋网联船务	第六位	2017年	日本	东京	223
长荣海运	第七位	1968年	中国	台湾省	203
阳明海运	第八位	1972年	中国	台湾省	101
太平船务	第九位	1967年	新加城	Cecil Street	136
现代商船	第十位	1976年	韩国	首尔	74

四、国际货运代理

国际货运代理（International Freight Forwarding Agent）是指国际货运代理组织接受进出口货物收货人、发货人的委托，以委托人或自己的名义，为委托人办理国际货物运输及相关业务，并收取劳务报酬的经济活动。

（一）国际货运代理所从事的业务

1. 为发货人服务

货运代理代替发货人承担在不同货物运输中的任何一项手续。

（1）以最快最省的运输方式，安排合适的货物包装，选择货物的运输路线。

（2）向客户建议仓储与分拨。

（3）选择可靠、效率高的承运人，并负责缔结运输合同。

（4）安排货物的计重和计量。

（5）办理货物保险。

（6）货物的拼装。

（7）装运前或在目的地分拨货物之前把货物存仓。

（8）安排货物到港口的运输，办理海关和有关单证的手续，并交给承运人。

（9）代表托运人/进口商承付运费、关税税收。

（10）办理有关货物运输的任何外汇交易。

（11）从承运人那里取得各种签署的提单，并把他们交给发货人。

（12）通过承运人与货运代理在国外的代理的联系，监督货物运输进程，并使托运人知道货物去向。

2. 为海关服务

当货运代理作为海关代理办理有关进出口商品的海关手续时，他不仅代表其客户，而且代表海关当局。事实上，在许多国家，货运代理得到了这些当局的许可，办理海关手续，并对海关负责，负责在早发定的单证中，申报货物确切的金额、数量、品名，以使政府在这些方面不受损失。

3. 为承运人服务

货运代理向承运人及时定舱，议定对发货人、承运人都公平合理的费用，安排适当时间交货，以及以发货人的名义解决和承运人的运费账目等问题。

4. 为航空公司服务

货运代理在空运业上，充当航空公司的代理。在国际航空运输协会以空运货物为目的而制定的规则中，货运代理被指定为国际航空协会的代理。在这种关系上，货运代理利用航空公司的货运手段为货主服务，并由航空公司付给佣金。同时，货运代理通过提供适于空运程度的服务方式，继续为发货人或收货人服务。

5. 为班轮公司服务

货运代理与班轮公司的关系，随业务的不同而不同，由货运代理提供的拼箱服务，即拼箱货的集运服务已建立了货运代理与班轮公司及其他承运人（如铁路）之间的较为密切的联系，然而一些国家却拒绝给货运代理支付佣金，所以他们在世界范围内争取对佣金的要求。

6. 提供多式联运服务

货运代理作为多式联运经营人，收取货物并签发多式联运提单，承担承运人的风险责任，对货主提供一揽子的运输服务。

7. 其他服务

根据客户的特殊需要监装、监卸、进行货物混装和集装箱拼装拆箱运输咨询的服务，以及特种货物装挂运输服务、海外展览运输服务等。

（二）国际货运代理的责任

1. 以纯粹代理人的身份出现时的责任划分

货运代理公司作为代理人，在货主和承运人之间起牵线搭桥的作用，由货主和承运人直接签订运输合同。货运代理公司收取的是佣金,责任小。当货物发生灭失或损坏的时候,货主可以直接向承运人索赔。

2. 以当事人的身份出现时的责任划分

货运代理公司以自己的名义与第三人(承运人)签订合同,在安排储运时使用自己的仓库或者运输工具安排运输,在拼箱集运时收取差价,以上三种情况,对于托运人来说,货运代理则是作为承运人,应承担承运人的责任。

3. 以无船承运人的身份出现时的责任划分

当货运代理从事无船承运业务,并签发自己的无船承运人提单时,便成了无船承运经营人,被看作是法律上的承运人,其兼有承运人和托运人的性质。

4. 以多式联运经营人的身份出现时的责任划分

当货运代理负责多式联运并签发提单时便成了多式联运经营人(MTO),被看作是法律上的承运人。

(1)联合国《多式联运公约》规定,MTO对货物灭失或延迟交付的赔偿责任。

①对于货物灭失或损坏的赔偿限额最多不超过每件或每运输单位920SDR(特别提款权),或每千克不得超过2.75SDR,以较高者为准。但是国际多式联运如果根据合同不包括海上或内河运输,则MTO的赔偿责任按灭失或损坏货物毛重每千克不得超过8.33SDR计算。

②对于货物的迟延交付,规定了90天的交货期限,MTO对迟延交货的赔偿限额为迟延交付货物的运费的2.5倍,并不能超过合同的全程运费。

(2)《中华人民共和国海商法》规定,MTO对货物灭失或延迟交付的赔偿责任。

①对于货物灭失或损坏:每件或者每个其他运输单位666.67SDR,或按照灭失或损坏的货物毛重,每千克2SDR,以两者中较高的为准。

②对于迟延交付,《中华人民共和国海商法》规定,货物交付期限为60天,MTO延迟交付的赔偿限额为延迟交付货物的运费数额,但承运人的故意或者不作为而造成的延迟交付则不享受此限制。

5. 以"混合"身份出现时的责任划分

货运代理从事的业务范围较为广泛,除了作为货运代理代委托人报关、报检、安排运输外,还用自己的雇员,以自己的车辆、船舶、飞机、仓库及装卸工具等来提供服务,或在陆运阶段为承运人,在海运阶段为代理人。对于货运代理的法律地位的确认,不能简单化,而应视具体的情况具体分析。

6. 以合同条款为准的责任划分

在不同国家的标准交易条件中,往往详细规定了货运代理的责任。通常,这些标准交易条件被结合在收货证明或由货运代理签发给托运人的类似单证里。

(三) 如何选择合适的货运代理公司

第一，选择正规的国际货运代理公司。利用网络的优势，在网上查询各家公司的基本情况，虽然网络上也有很多虚假信息，但是总是有一定的参考价值。具体可以查看各国际货运代理公司企业人的注册信息、财务情况、海关信息、税收状况等，还有十分重要的一点，就是查看各国际货运代理成立时间，一般来说，成立时间越长，在市场上存活越长的国际货运代理，实力越强，在残酷的竞争中，总有一些小型国际货运代理公司撑不过几年就倒闭，而运营时间长的货运代理公司，总有过人之处，而这过人之处正说明了这个公司的实力。

第二，选择专业水平高的国际货运代理公司。与国际货运代理公司合作，其实都是与业务员在做沟通，而业务员就是国际货运代理公司专业水平的体现，可以通过与业务员之间的沟通，侧面了解这家国际货运代理公司的专业水平。

第三，通过纠纷看国际货运代理公司的服务。这里说的纠纷不是说纠纷数量，而是说国际货运代理公司在处理纠纷上的质量。因为一般越大的国际货运代理公司，业务就越多，从而产生的纠纷就越多，所以不能说纠纷多，这家公司就不行。而是要通过纠纷案例，了解这家国际货运代理公司在处理纠纷上的态度，以及处理纠纷的结果是否合理，从而可以知道一旦合作后发生纠纷，是否可以得到合理的解决，即了解国际货运代理的售后。

第二节 订舱出货

订舱出货的整个过程从货运代理的角度来说比较复杂，需要货运代理从业人员处理和协调，那么订舱出货的步骤到底有哪些呢？订舱出货流程如图5-15所示。

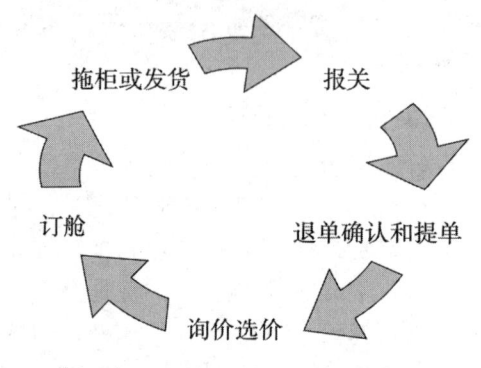

图 5-15　订舱出货流程图

既然已经了解了订舱出货的基本流程，那么下面我们应该进行以下步骤。

一、询价选价

小王：您好！我是南京 GK 商贸的小王，我现在有一批服装要出运到美国纽约，请问费用有哪些？

货运代理宋经理：费用分为内陆费和海运费两个部分。

（1）内陆费包括拖车费（Trucking Fee）、订舱费（Booking Charge）、保管费（Custom、Clearance Fee）、文件费（Documentation Charge）、商检换单费（Exchang Fee for CIP）、码头操作费（Terminal Handling Charges）……

（2）海运费＝基本费率+附加费

常见的海运附加费有：

燃油附加费（Bunker Adjustment Factor，BAF）、货币贬值附加费（Currency Adjustment Factor，CAF）、旺季附加费（Peak Season Surcharges，PSS）、一般性涨价（General Rate Increase，GRI）、战争附加费（War Risks Surcharges，WRS）、美国仓单费（American Manifest System，AMS）……

你先把需要出货的产品名称、重量、体积、起运港、目的港这些信息给我，我再给你一个详细的报价吧。

小王：好的。

（1）询价：向货运代理提供装运港、目的港口（有的港口有多个码头，必须说明）、柜型、货物名称（普通、危险品、冻货、食品、特殊货物等）、询问运价所包含的内容（有无含 ORC、BAF、DDC、THC、WAR、PSS 等）以及船期、航程和是否需要中转。如果需要指定船公司，那么在询价时注明即可。

客户下订单时会直接下一个集装箱，若客户没有直接指定的话，出口的货物体积接近一个集装箱（20尺柜、40尺柜等），那么可以直接要求货运代理报整箱的价格；如果货物很少，直接要求货运代理报拼箱的价格；如果确定是拼箱还是整箱较难，可以将详细产品名称、数量、体积、重量、港口等相关信息提交给货运代理，让其报整箱价格和拼箱价格，最终根据产生的费用来选择拼箱还是整箱。

（2）选价。货运代理根据我们提供的资料询价后会给跟单员报价，如果没有指定船公司，货运代理一般会给出几个船公司的价格供跟单员选择。当跟单员要求货运代理报拼箱和整箱价格时，最终可根据价格选定是拼箱还是整箱。

二、委托订舱

货运代理宋经理：小王，既然价格没有问题，这批货又马上要发，那么请给我们传真一份货物出口委托书吧，我们收到之后就可以马上订舱了。

小王：可是我还不太清楚怎么写出口货物委托书呢？

货运代理宋经理：你稍等，我马上给你发个模板，你只要按照模板里的要求一一填写就行了，打印出来后最好盖个章就行了。

小王：好的，感谢！我尽快给您发过去。

（1）给货运代理传真货物出口委托书时，当价格谈妥并确认工厂的货已经生产完毕或确认自己指定的时间内能够完成时，可以给货运代理发出口货物委托书，当货运代理收到出口货物委托书后即可以向船公司进行订舱。

货物出口委托书没有固定的格式，不同进出口公司制订的委托书不尽相同，但是其主要内容都必须包含在内。主要包括的内容：托运人、收货人、装货港、卸货港、唛头、货物描述、货物毛重、货物体积、运费的支付方式、所订船期、订舱章等。

第二天，货运代理宋经理：小王，订舱已经办好了，我把订舱单发给你，你接收一下，上面注有到工厂拖柜的时间以及单证送达的截止日期。我已经将你的联系方式写上去了，集装箱师傅一般会在出发前先给你打电话，告诉你预计到达的时间，你一定安排好人装集装箱。另外，单证请最好早点寄到。

小王：好的。

（2）确认订舱单：货运代理订舱成功后会发订舱单给业务员，上面注有到工厂拖柜的时间或将货物送到指定的仓库地点的时间，以及单证送达的截止日期（一般是开船前三天为截止时间，最好是按照货运代理通知单上的要求时间，当然能提前最好）。确认订舱单后则回复货运代理，如果不能按要求时间的话，必须立刻通知货运代理。

三、拖柜或发货

集装箱李师傅：您好，是小王吗？我是集装箱司机李师傅，集装箱我已经拉出来了，现在准备出发，预计早上11点到你们公司，请你安排一下准备装箱。

小王：好的。

接完电话小王就快马加鞭地去仓库通知今天11点这些货物需要出库，同时通知车间安排人手装集装箱。

这个时候小王的师傅来了，他告诉小王。集装箱到公司的时候，你就尽快找司机拿集装箱装箱单，然后核对集装箱、装箱单和货运代理给我们的进仓单是否一致。

小王：还会有不一致的情况出现吗？

师傅：有时也会弄错的，特别是我们订的是小柜的时候，司机运的是两个小的20尺柜集装箱，分别去两家工厂拉货，所以这个时候你要特别注意核对你装的那个集装箱的箱号、封号和装箱单、进仓单是否一致。装箱单一定要看好了再填写，不要进行修改或涂改。

小王：好的。

等到所有的货装完，关闭集装箱门之前，先对着集装箱拍些照片，等到封号锁锁好后再次确认一下是否锁好，然后再拍些照片，再对着整个集装箱拍些照片（箱号能看到），这些照片可以让业务员发给客户，告诉客户货已经发出来了。

（一）操作方式

拖柜或发货，对于货运代理来说，这个过程叫"做箱"，下面是根据整箱和散货拼箱的方式分别进行的操作。

（1）如果是散货拼箱，那么只需在指定时间前将货物送到指定仓库即可。如果是快递送货，则除了填写快递面单外，还需要复印一份进仓单交给快递员。如自己安排车送货，只要带上进仓单送到指定仓库即可。

（2）如果是整箱货，货运代理会安排集装箱到公司装货，司机出发之前一般会和业务员联系，告知预计到达时间，同时业务员要安排装货时间。

（二）检查方式

集装箱到达公司准备装货前，需对集装箱进行检查。

（1）外部检查：需对箱子进行六面查看，查看外部是否有损伤、变形、破损等异样情况，如有，即做出修理部位标志。

（2）内部检查：对箱子内侧进行六面查看，检查是否漏水、漏光，有无污点、水迹等。

（3）箱门检查：检查箱门是否完好，门的四周是否水密，门锁完整与否，箱门是否能重复开启，能否270度开启。

（4）清洁检查：箱内是否有残留物、污染物、锈蚀异味、水湿。如不符合要求，应予以清扫、更换。

（5）附属件的检查：附属件的检查是指对货物的加固环节，如对板架式集装箱的支柱、平板集装箱和敞篷集装箱上部延伸结构的检查。

（三）填写方式

装货时司机会给跟单员一份集装箱装箱单，跟单员需要正确填写。

（1）跟单员拿到集装箱装箱单后，会看到船名、航次、提单号、装卸港、品名。唛头是事先打印好的，工厂需要核对单据与外贸所下的出货单是否一致，避免出现装错货的情况，尤其是一辆集卡车上有两个小箱到工厂来装货的时候。

（2）箱号、铅封号是集装箱卡车司机填写，工厂也最好核对一下是否正确。有些集装箱司机嫌麻烦没有写，那么跟单员需要将箱号和封号填写上。

标准箱号构成基本概念：采用ISO 6346：1995《集装箱代码、识别和标记》标准。标准集装箱箱号由十一位编码组成，包括三个部分：

①第一部分由四位英文字母组成。前三位代码（Owner Code）主要说明箱主、经营人，第四位代码说明类型，通常以字母"U"表示集装箱，若为"J"表明该集装箱为集装箱配件，若为"Z"为拖车平板。例如，CBHU开头的标准集装箱是表明箱主和经营人为中远集运。

②第二部分由六位数字组成，是箱体注册码（Registration Code），是一个集装箱箱体持有的唯一标识。

③第三部分为校验码（Check Digit），由前四位字母和六位数字经过校验规则运算得到，用于识别在校验时是否发生错误，即第十一位数字。

箱号在集装箱侧面和后门都有标示，如图5-16所示。

图 5-16 集装箱箱号

（3）包装件数、毛重、体积需要由工厂填制，如果货运代理事先已经打印好，工厂只要核对一下，如果有误需要更改，重填正确的数据后，盖上工厂公章。

集装箱装箱单（Container Load Plan）是详细记载每一个集装箱内所装货物名称、数量、尺码、重量、标志和箱内货物积载情况的单证，对于特殊货物还应加注特定要求，比如对冷藏货物要注明对箱内温度的要求等。集装箱装箱单一式五联，其中，码头、船代、承运人各持一联，发货人、装箱人两联。集装箱货运站装箱时由装箱的货运站缮制；由发货人装箱时，由发货人或其代理人的装箱货运站缮制。

集装箱装箱单是集装箱运输的辅助货物舱单，其用途很广泛，主要用途有以下几个方面：

（1）发货人向承运人提供集装箱内所装货物的明细清单；

（2）在装箱地向海关申报货物出口的单据，也是集装箱船舶进出口报关时向海关提交的载货清单的补充资料；

（3）是集装箱货运站与集装箱码头之间的货物交接单；

（4）是集装箱装、卸两港编制，装、卸船计划的依据；

（5）是集装箱船舶计算船舶吃水和稳性的基本数据来源；

（6）在卸箱地作为办理集装箱保税运输手续和拆箱作业的重要单证；

（7）当发生货损时，是处理索赔事故的原始依据之一。

四、报关

通常而言，跟单员可以选择自理报关和代理报关两种方式，不同方式下的程序略有区别，详细内容见第六章。

五、提单确认和提单

货运代理宋经理：小王，报关已经成功了，现在我把提单确认件发传真给你，你确认一下是否有问题。如果有问题请在提单确认件上标出来，我们修改后会再发给你确认的。

小王：好的。

收到提单确认件后，和报关单据一核对，天哪，有这么多错误？不是发货人写错，就是收货人的一些单词少字母，连后面的唛头、装箱数都有错误，赶紧问问宋经理是怎么回事？

小王：宋经理，提单确认件怎么这么多错误啊！

（一）提单确认

货物报关后货运代理会把提单确认件传真给发货人，发货人根据提单上的内容与自己实际出货情况校对，包括数量、重量、体积、品名、唛头、运费条件、买卖双方的名称等。如需修改请及时告诉货运代理。修改后，货运代理会将修改文件传真至发货人，直至完全准确，然后签发正本提单。

如果船开之后，就没有做提单确认的必要了，因为那时候船公司已经将上船之前的提单信息传给目的港，如果再需要修改，船公司将会对每票提单收取100~200元人民币不等的费用；当然如果经过提单确认，但是因为粗心提单上仍有错误，等出了正本提单后需要修改，船公司同样会对每票提单收取一定的费用（美元或人民币），费用为100~200元人民币不等。

申请修改提单，除了缴纳一定的费用外，还需要写修改提单保函，各个公司的提单更改保函格式不一样，如果确信需要进行提单更改，船公司会将提单保函发给货运代理，货运代理会将保函发给发货人/托运人，然后先由发货人/托运人盖好公章，将正本寄给货运代理，货运代理再盖章，寄给船公司。

提单更改保函的格式如图5-17所示。

CSCLXM/QR-SWGL542.0

提单更改保函

致：＿＿＿＿＿＿＿有限公司：

兹有我司于＿＿＿＿年＿＿＿＿月＿＿＿＿日经＿＿＿＿＿＿轮＿＿＿＿＿＿航次出口货柜＿＿＿＿＿＿（箱量/箱型）至＿＿＿＿＿，提单号＿＿＿＿＿＿付款方式为＿＿＿＿＿，现因＿＿＿＿＿客人要求＿＿＿＿＿，要求提单做如下更改：

序号	内容	
	原数据	新数据

敬请协助办理为盼，若由以上更改所产生的一切后果由我司自负。本保函适用中国法律并接受中国海事法院管辖。

货主正本公章：　　　　　　　　　　　货运代理正本公章：
＿＿＿年＿＿＿月＿＿＿日　　　　　　＿＿＿年＿＿＿月＿＿＿日

图 5-17　提单更改保函

很多时候，如果是国外收货人指定的船公司以及货运代理，如使用 FOB，若国外收货人要求货运代理直接与他们做提单确认，则发货人可以不用与货运代理进行这个步骤。但是也不能排除少数货运代理会与国外客户串通，直接放提单给客户的这种可能，但是这种情况极少。

不做提单确认不但会引起以上这些修改费用，如果是没有修改直接到港，收货人会提不到货，因而造成一些延误，同时还会在目的港产生滞留费用、码头费用，以及很可能会因此引起收货方的索赔。所以提单确认对于收货人和发货人非常重要。

货运代理宋经理：小王，正本提单已经出来了，我先发传真给你看一下，如确认无误的话我给你寄过去。

小王：好的。

收到提单正本的传真件，经过仔细核对，未发现错误的地方，于是通知货运代理宋经理将正本提单寄到公司。

收到提单后，将全套单据交给业务员，等候业务员的下一步指示。

（二）提单

提单是指作为承运人和托运人之间处理运输中双方权利和义务的依据。虽然它一般不是由双方共同签字的一项契约，但就构成契约的主要项目，如船名、启航日期、航线、靠港以及其他有关货运项目，是众所周知的；有运价和运输条件，承运人也是事先规定的。因此，在托运人或其代理人向承运人定舱的时候就被认为契约即告成立，所以虽然条款内容由承运人单方拟就，托运人也应当认为双方已认可，即成为运输契约。

因此，习惯上也就成了日后处理运输过程中各种问题的依据。

按不同的分类标准，提单可以划分为许多种类。

1. 按提单收货人的抬头分

（1）记名提单（Straight B/L）

记名提单又称收货人抬头提单，是指提单上的收货人栏中已具体填写收货人名称的提单。提单所记载的货物只能由提单上特定的收货人提取，或者说承运人在卸货港只能把货物交给提单上所指定的收货人。如果承运人将货物交给提单指定的以外的人，即使该人占有提单，承运人也应负责。这种提单失去了代表货物可转让流通的便利，但同时也可以避免在转让过程中可能带来的风险。

使用记名提单，如果货物的交付不涉及贸易合同下的义务，则可不通过银行而由托运人将其邮寄收货人，或由船长随船带交。这样，提单就可以及时送达收货人，而不致延误。因此，记名提单一般只适用于运输展览品或贵重物品，特别是短途运输中使用较有优势，而在国际贸易中较少使用。

（2）不记名提单（Bearer B/L, or Open B/L, or Blank B/L）

提单上收货人一栏内没有指明任何收货人，而注明"提单持有人"（Bearer）字样或将这一栏空白，不填写任何人的名称的提单。这种提单不需要任何背书手续即可转让，或提取货物，极为简便。承运人应将货物交给提单持有人，谁持有提单，谁就可以提货，承运人交付货物只凭单，不凭人。这种提单丢失或被窃的风险极大，若转入善意的第三者手中时，极易引起纠纷，故国际上较少使用这种提单。另外，根据有些班轮公会的规定，凡使用不记名提单，在给大副的提单副本中必须注明卸货港通知人的名称和地址。

（3）指示提单（Order B/L）

在提单正面"收货人"一栏内填上"凭指示"（To order）或"凭某人指示"（Order of……）字样的提单。这种提单按照表示指示人的方法不同，又分为托运人指示提单、记名指示人提单和选择指示人提单。如果在收货人栏内只填记"指示"字样，则称为托运人指示提单。这种提单在托运人未指定收货人或受让人之前,货物所有权仍属于卖方,在跟单信用证支付方式下,托运人就是以议付银行或收货人为受让人,通过转让提单而取得议付货款的。如果收货人栏内填记"某某指示",则称为记名指示提单,如果在收货人栏内填记"某某或指示",则称为选择指示人提单。记名指示提单或选择指示人提单中指名的"某某"既可以是银行的名称,也可以是托运人。

指示提单是一种可转让提单。提单的持有人可以通过背书的方式把它转让给第三者,而不需经过承运人认可,所以这种提单为买方所欢迎。而不记名指示(托运人指示)提单与记名指示提单不同,它没有经提单指定的人背书才能转让的限制,所以其流通性更大。指示提单在国际海运业务中使用较广泛。

2. 按货物是否已装船分

(1)已装船提单(Shipped B/L, or On Board B/L)

已装船提单是指货物装船后由承运人或其授权代理人根据大副收据签发给托运人的提单。如果承运人签发了已装船提单,就是确认他已将货物装在船上。这种提单除载明一般事项外,通常还必须注明装载货物的船舶名称和装船日期,即是提单项下货物的装船日期。

(2)收货待运提单(Received for Shipment B/L)

收货待运提单又称备运提单、待装提单,或简称待运提单。它是承运人在收到托运人交来的货物但还没有装船时,应托运人的要求而签发的提单。签发这种提单时,说明承运人确认货物已交由承运人保管,并存在其所控制的仓库或场地,但还未装船。所以,这种提单未载明所装船名和装船时间,在跟单信用证支付方式下,银行一般都不肯接受这种提单。但当货物装船,承运人在这种提单上加注装运船名和装船日期并签字盖章后,待运提单即成为已装船提单。同样,托运人也可以用待运提单向承运人换取已装船提单。《中华人民共和国海商法》第七十四条对此做了明确的规定。

3. 按提单上有无批注分

(1)清洁提单(Clean B/L)

在装船时,货物外表状况良好,承运人在签发提单时,未在提单上加注任何有关货物残损、包装不良、件数、重量和体积,或其他妨碍结汇的批注的提单称为清洁提单。

使用清洁提单在国际贸易实践中非常重要,买方要想收到完好无损的货物,首先必须要求卖方在装船时保持货物外观良好,并要求卖方提供清洁提单。在以跟单信用证为付款方式的贸易中,通常卖方只有向银行提交清洁提单才能取得货款。清洁提单是收货人转让提单时必须具备的条件,同时也是履行货物买卖合同规定的交货义务的必要条件。承运人一旦签发了清洁提单，货物在卸货港卸下后，如发现有残损，除非是由于承运人可以免责的原因所致，承运人必须负责赔偿。

（2）不清洁提单（Unclean B/L or Foul B/L）

在货物装船时，承运人若发现货物包装不牢、破残、渗漏、玷污、标志不清等现象时，大副将在收货单上对此加以批注，并将此批注转移到提单上，这种提单称为不清洁提单。

实践中承运人接收货物时，如果货物外表状况不良，一般先在大副收据上做出记载，在正式签发提单时，再把这种记载转移到提单上。在国际贸易的实践中，银行是拒绝出口商以不清洁提单办理结汇的。为此，托运人应把损坏或外表状况有缺陷的货物进行修补或更换。习惯上的变通办法是由托运人出具保函，要求承运人不要将大副收据上所做的有关货物外表状况不良的批注转批到提单上，而根据保函签发清洁提单，以使出口商能顺利完成结汇。但是，承运人因未将大副收据上的批注转移提单上，承运人可能承担对收货人的赔偿责任，承运人因此而遭受的损失，应由托运人赔偿。那么，托运人在向托运人追偿时，往往难以得到法律的保护，而承担很大的风险。承运人与收货人之间的权利义务是提单条款的规定，而不是保函的保证。所以，承运人不能凭保函拒赔，保函对收货人是无效的，如果承、托双方的做法损害了第三者收货人的利益，有违民事活动的诚实信用的基本原则，容易构成与托运人的串通，对收货人进行欺诈行为。

4. 根据运输方式的不同分

（1）直达提单（Direct B/L）

直达提单，又称直运提单，是指货物从装货港装船后，中途不经转船，直接运至目的港卸船交与收货人的提单。直达提单上不得有"转船"或"在某港转船"的批注。凡信用证规定不准转船者，必须使用这种直达提单。如果提单背面条款印有承运人有权转船的"自由转船"条款者，则不影响该提单成为直达提单的性质。

使用直达提单，货物由同一船舶直运目的港，对买方来说比中途转船有利得多，它既可以节省费用、减少风险，又可以节省时间，及早到货。因此，通常买方只有在无直达船时才同意转船。在贸易实务中，如信用证规定不准转船，则卖方必须取得直达提单才能结汇。

（2）转船提单（Transshipment B/L）

转船提单是指货物从起运港装载的船舶不直接驶往目的港，需要在中途港口换装其他船舶转运至目的港卸货，承运人签发这种提单称为转船提单。

在提单上注明"转运"或在"某某港转船"字样，转船提单往往由第一程船的承运人签发。由于货物中途转船，增加了转船费用和风险，并影响到货时间，故一般信用证内均规定不允许转船，但直达船少或没有直达船的港口，买方也只好同意可以转船。

（3）联运提单（Through B/L）

联运提单是指货物运输需经两段或两段以上的运输方式来完成，如海陆、海空或海海等联合运输所使用的提单。船船（海海）联运在航运界也称为转运，包括海船将货物送到一个港口后再由驳船从港口经内河运往内河目的港。

联运的范围超过了海上运输界限，货物由船舶经水域运到一个港口，再经其他运输工具将货物送至目的港，先海运后陆运或空运，或者先空运、陆运后海运。当船舶承运由陆路或飞机运来的货物继续运至目的港时，货方一般选择使用船方所签发的联运提单。

（4）多式联运提单（Multimodal Transport B/L or Intermodal Transport B/L）

这种提单主要用于集装箱运输。是指一批货物需要经过两种以上不同运输方式，其中一种是海上运输方式，由一个承运人负责全程运输，负责将货物从接收地运至目的地交付收货人，并收取全程运费所签发的提单。提单内的项目不仅包括起运港和目的港，而且列明一程、二程等运输路线，以及收货地和交货地。

①多式联运是以两种或两种以上不同运输方式组成的，多式联运提单是参与运输的两种或两种以上运输工具协同完成所签发的提单。

②组成多式联运的运输方式中其中一种必须是国际海上运输。

③多式联运提单如果贸易双方同意，并在信用证中明确规定，可由承担海上区段运输的船公司、其他运输区段的承运人、多式联运经营人（Combined Transport Operator）或无船承运人（Non-vessel Operating Common Carrier）签发。

④《中华人民共和国海商法》第四章"海上货物运输合同"中的第八节"多式联运合同的特别规定"，以及《联合国国际货物多式联运公约》制约着多式联运。

5. 按提单内容的简繁分

（1）全式提单（Long Form B/L）

全式提单是指提单除正面印就的提单格式所记载的事项，背面列有关于承运人与托运人及收货人之间权利、义务等详细条款的提单。由于条款繁多，所以又称繁式提单。在海运的实际业务中大量使用的大都是这种全式提单。

(2) 简式提单 (Short Form B/L, or Simple B/L)

简式提单，又称短式提单、略式提单，是相对于全式提单而言的，是指提单背面没有关于承运人与托运人及收货人之间的权利义务等详细条款的提单。这种提单一般在正面印有"简式"(Short Form) 字样，以示区别。简式提单中通常列有如下条款："本提单货物的收受、保管、运输和运费等事项，均按本提单全式提单的正面、背面的铅印、手写、印章和打字等书面条款和例外条款办理，该全式提单存本公司及其分支机构或代理处，可供托运人随时查阅。"

简式提单通常包括租船合同项下的提单和非租船合同项下的提单。

①租船合同项下的提单。在以航次租船的方式运输大宗货物时，船货双方为了明确双方的权利、义务首先要订立航次租船合同，在货物装船后承租人要求船方或其代理人签发提单，作为已经收到有关货物的收据，这种提单就是"租船合同项下的提单"。因为这种提单中注有"所有条件均根据某年某月某日签订的租船合同"(All terms and conditions as per charter party dated……);或者注有"根据……租船合同开立"字样，所以，它要受租船合同的约束。因为银行不愿意承担可能发生的额外风险，所以当出口商以这种提单交银行议付时，银行一般不愿接受。只有在开证行授权可接受租船合同项下的提单时，议付银行才会同意，但往往同时要求出口商提供租船合同副本。国际商会《跟单信用证统一惯例》规定，除非信用证另有规定，银行将拒收租船合同项下的提单。

②非租船合同项下的简式提单。为了简化提单备制工作，有些船公司实际上只签发给托运人一种简式提单，而将全式提单留存，以备托运人查阅。这种简式提单上一般印有"各项条款及例外条款以本公司正规的全式提单所印的条款为准"等内容。按照国际贸易惯例，银行可以接受这种简式提单。这种简式提单与全式提单在法律上具有同等效力。

6. 按签发提单的时间分

(1) 倒签提单 (Anti-dated B/L)

倒签提单是指承运人或其代理人应托运人的要求，在货物装船完毕后，以早于货物实际装船日期为签发日期的提单。当货物实际装船日期晚于信用证规定的装船日期，若仍按实际装船日期签发提单，托运人就无法结汇。为了使签发提单的日期与信用证规定的装运日期相符，以利结汇，承运人应托运人的要求，在提单上仍以信用证的装运日期填写签发日期，以免违约。

(2) 顺签提单 (Post-date B/L)

顺签提单指在货物装船完毕后，应托运人的要求，由承运人或其代理人签发的提单。但是该提单上记载的签发日期晚于货物实际装船完毕的日期。即托运人从承运人处得到的以晚于货物实际装船完毕的日期作为提单签发日期的提单。

(3) 预借提单（Advanced B/L）

预借提单是指货物尚未装船或尚未装船完毕的情况下，信用证规定的结汇期（即信用证的有效期）即将届满，托运人为了能及时结汇，而要求承运人或其代理人提前签发的已装船清洁提单，即托运人为了能及时结汇而从承运人那里借用的已装船清洁提单。

这种提单往往是当托运人未能及时备妥货物或船期延误，船舶不能按时到港接受货载，估计货物装船完毕的时间可能超过信用证规定的结汇期时，托运人采用从承运人那里借出提单用以结汇，当然必须出具保函。签发这种提单承运人要承担更大的风险，可能构成承、托双方合谋对善意的第三者收货人进行欺诈。

签发倒签或预借提单，对承运人的风险很大，由此引起的责任承运人必须承担，尽管托运人往往向承运人出具保函，但这种保函同样不能约束收货人。比较而言，签发预借提单比签发倒签提单对承运人的风险更大，因为预借提单是承运人在货物尚未装船，或者装船还未完毕时签发的。我国法院对承运人签发预借提单的判例，不但由承运人承担了由此而引起的一切后果，赔偿货款损失和利息损失，还赔偿了包括收货人向第三人赔付的其他各项损失。

(4) 过期提单（Stale B/L）

过期提单有两种含义。一是指出口商在装船后延滞很久才交到银行议付的提单。按国际商会500号出版物《跟单信用证统一惯例》1993年修订本第四十二条规定，如信用证无特殊规定，银行将拒收在运输单据签发日期后超过21天才提交的单据。在任何情况下，交单不得晚于信用证到期日。二是指提单晚于货物到达目的港，这种提单也称为过期提单。因此，近洋国家的贸易合同一般都规定有"过期提单也可接受"的条款（Stale B/L is acceptance）。

7. 按收费方式分

(1) 运费预付提单（Freight Prepaid B/L）

成交CIF、CFR价格条件为运费预付，按规定货物托运时，必须预付运费。在运费预付情况下出具的提单称为运费预付提单。这种提单正面载明"运费预付"字样，运费付后才能取得提单；付费后，若货物灭失，运费不退。

(2) 运费到付提单（Freight to Collect B/L）

以FOB条件成交的货物，不论是买方订舱还是买方委托卖方订舱，运费均为到付（Freight Payable at Destinaiion），并在提单上载明"运费到付"字样，这种提单称为运费到付提单。货物运到目的港后，只有付清运费，收货人才能提货。

（3）最低运费提单（Minimum B/L）

最低运费提单是指对每一提单上的货物按起码收费标准收取运费所签发的提单。如果托运人托运的货物批量过少，按其数量计算的运费额低于运价表规定的起码收费标准时，承运人均按起码收费标准收取运费，为这批货物所签发的提单就是最低运费提单，也可称为起码收费提单。

8. 按提单签发的不同分

（1）船公司签发的提单

通常为整箱货签发提单。

（2）无船承运人所签发的提单（NVOCC B/L）

指由无船承运人或其代理人所签发的提单。在集装箱运输中，无船承运人通常为拼箱货签发提单，因为拼箱货在集装箱货运站内装箱和拆箱，而货运站仓库又大又多，所以有人称其为仓/仓提单（House B/L）。当然，无船承运人也可以为整箱货签发提单。

9. 其他各种特殊提单

（1）合并提单（Omnibus B/L）

合并提单是指根据托运人的要求，将同一船舶装运的同一装货港、同一卸货港、同一收货人的两批或两批以上相同或不同的货物合并签发一份提单。托运人或收货人为了节省运费，常要求承运人将本应属于最低运费提单的货物与其他另行签发提单的货物合并在一起只签发一份提单。

（2）并装提单（Combined B/L）

这是将两批或两批以上品种、质量、装货港和卸货港相同，但分属于不同收货人的液体散装货物并装于同一液体货舱内，而分别为每批货物的收货人签发一份提单时，其上面加盖"并装条款"印章的提单，称为并装提单。在签发并装提单的情况下，应在几个收货人中确定一个主要收货人（通常是其中批量最大的收货人），并由这个主要收货人负责分摊各个收货人应分担的货物自然损耗和底脚损耗。

（3）分提单（Separte B/L）

这是指承运人依照托运人的要求，托运人为了在目的港的收货人提货方便，将本来属于同一装货单上的标志、货种、等级均相同的同一批货物，分开签多份提单，分属于几个收货人，这种提单称为分提单。只有标志、货种、等级均相同的同一批货物才能签发分提单，否则，会因在卸货港理货，增加承运人理货、分标志费用的负担。分提单一般除了散装油类最多不超过5套外，其他货物并无限制。

(4) 交换提单（Switch B/L）

交换提单是指在直达运输的条件下，应托运人的要求，承运人承诺，在某一约定的中途港凭在启运港签发的提单另换发一套以该中途港为启运港，但仍以原来的托运人为托运人的提单，并注明"在中途港收回本提单，另换发以该中途港为启运港的提单"或"Switch B/L"字样的提单。

当贸易合同规定以某一特定港口为装货港，而作为托运人的卖方因备货原因，不得不在这一特定港口以外的其他港口装货时，为了符合贸易合同和信用证关于装货港的要求，常采用这种变通的办法，要求承运人签发这种交换提单。

(5) 舱面货提单（On Deck B/L）

舱面货提单又称甲板货提单，是指货物装于露天甲板上承运时，并于提单注明"装于舱面"（On Deck）字样的提单。

(6) 包裹提单（Parcel Receipt B/L）

包裹提单是指以包裹形式托运货物而签发的提单。

(7) 集装箱提单（Container B/L）

集装箱提单是集装箱货物运输下主要的货运单据，负责集装箱运输的经营人或其代理人，在收到集装箱货物后而签发给托运人的提单。

第三节 物流跟进

一、快递跟进

快递跟进，即为国际快递跟进。目前，我国国际快递是快递业务中最重要的组成部分，它们分别是：EMS、DHL、UPS、FedEx、TNT、ARAMEX、SF、HONGKONG POST、CHINA POSTD等，不同快递的价格也不同，业务员可以同时联系几家公司商议好价格和折扣，最终确定一两家公司开展长期合作，并建立好相应的快递账号。

（一）国际快递服务注意事项

(1) 国际快递包裹重量分实际重量和体积重量两种，快递公司将以两种重量中较大的一项为计费依据。国际快递包裹体积重量的计算方法为：（长×宽×高）/5000，其中，长、宽、高单位是厘米，测量出来的体积重量和实际重量进行对比，按重的一项计算运费。

（2）国际快递包裹的货物不足 0.5 千克的，按 0.5 千克计费。

（3）21 千克以下的货物按照小货计费，按首重、续重计费，计费单位为 0.5 千克，21 千克及 21 千克以上货物按大货计费；大货价格更优惠。

（4）国际快递包裹单件货物的规格必须保证 1×长+2×高+2×宽<330 厘米（各快递公司要求的规格不尽相同）。

（5）国际快递包裹单件超过或等于 68 千克/件的，必须用有脚卡板进行包装（部分国家拒收原本卡板包装），否则快递公司拒收货物。

（6）倘若有以下情况的国际快递包裹，需预先订舱：货物单件维长超过 330 厘米，货物单件重量超过 68 千克；货物单件不超过 330 厘米，重量不超过 68 千克，但一票货超过 300 千克。

（7）国际快递价格资费变化较大，需发快递邮包时，请先和所托运的国际快递公司业务员联系以便确认价格。如与快递公司签订协议，则价格资费有变化，快递公司需要提前告知，否则全部按照协议价进行，此情况就不需要提前和快递公司业务员确认价格。

（二）公司使用国际快递的原因

（1）客户下单前需要进行样品确认，则需将样品快递给客户，确认样品是否符合要求。

（2）产品生产完毕后，客户需从订单中抽取部分样品快递给他们，以便确认订单中的产品是否符合合同规定的要求。

（3）客户订单量少，走空运和海运运费不合算，可以选择快递。或者货物量不多且客户要得急，则可应客户要求选择快递。

（4）需要给客户快递单据等资料。

（三）快递跟进

1. 货物的快递跟进

产品包装前从各角度进行拍摄，以便留作备份，同时将照片发给业务员以便业务员发给客户。

包装完成后，称重、量尺寸，将相关内容填写到快递面单上，并贴好面单。将发票和装箱单装在背胶袋（背面有不干胶）里，并将其贴到包装箱侧面以备清关用。如果公司无背胶袋，则用方形塑料袋将发票和装箱单装好后，用双面胶将塑料袋粘贴在箱侧即可。

多个角度拍摄包装好、贴好快递面单、贴好装箱单和发票的包装箱,并正面拍摄包装箱,以便客户看清快递面单上的信息(快递单上包括发件人、收件人、重量、尺寸、数量、快递公司、快递查询网址、快递单号等信息),从而方便跟进包裹路途状况。

快递发出4天后即可查询快递单号,查看快递是否一切正常,如出现意外情况,则可通过邮件告知客户。

当查询到包裹已经到达时,可过一天发邮件询问客户是否已经收到包裹,得到确认后快递跟进结束。

2. 文件的快递跟进

文件发出之前对每张文件进行扫描或拍摄存档。

单据快递后隔一段时间,可能会因单据寄出与否或资料是否齐全而引起纠纷,所以制作单据回执单,希望客户收到快递后将回执单发传真或通过邮件告之;如果查询到快递已经抵达客户,但是仍未收到回执单,可于转天与客户确认是否已经收到。

快递封好贴上面单后进行拍照留底,并将快递公司、单号和查询网址一同告知客户,以便客户能够及时进行跟进。

二、海运跟进

海运跟进流程如图5-18所示。

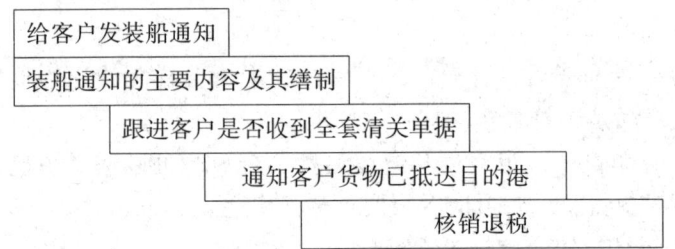

图5-18　海运跟进流程图

(一)给客户发装船通知

装船通知也被称为装运通知,主要指出口商在货物装船后发给进口方的有关货物详细装运情况的通知,目的为让进口商做好筹措资金、付款和接货的准备,如成交条件为FOB、FCA、CFR、CPT等,还需要向进口国保险公司发出该通知以便其为进口商办理货物保险手续,出口装船通知应按合同或信用证规定的时间发出,该通知副本(Copy of Telex、Fax)常作为向银行交单议付的单据之一；在进口方派船接货的交易条件下，进口商为了使船、货衔接得当也会向出口方发出相关通知；通知以英文制作，无统一格式，内容必须符合信用证的规定，一般只需一份。

(二) 装船通知的主要内容及其缮制

(1) 单据名称。主要为装船通知（Shipping Advice、Advice of Shipment）等，如信用证有具体要求，从其规定。

(2) 通知对象。应按信用证规定，具体可以是开证申请人、申请人的指定人或保险公司等。

(3) 通知内容。主要为发运货物的合同号或信用证号、品名、数量、金额、运输工具名称、起航日期、启运地和目的地、提运单号码、运输标志等，并与其他相关单据一致，若信用证提出具体项目要求，应严格按其规定出单。此外，通知中还有可能出现包装说明、ETD（船舶预离港时间）、ETA（船舶预抵港时间）、ETC（预计开始装船时间）等项目。

(4) 制作和发出日期。日期不能超出信用证约定的时间，常见的有以小时为准（Within 24/48 hours）和以天（Within 2 days after shipment date）为准两种情形。信用证没有规定时应在装船后立即发出；如信用证有规定，装船后立即通知（Immediately After Shipment），应把握在提单后三天之内。

(5) 签署。一般可不签署，如信用证要求装运通知书认证副本（Certified Copy of Shipping Advice），通常加盖受益人条形章。

装船通知格式如图5-19所示。

```
                    NANJING FORGIGN TRADE IMP. AND EXP. CORP.

                              SHIPPING    ADVICE

    FAX                                   INVOICE NO.     NT01FF004

    TEL                                   L/C NO.         63211020049

                                          S/C NO.         F01LCB05127

    MESSRS: FASHION FORCE CO., LTD
    P.O.BOX 8935 NEW TERMINAL, ALTA,
    VISTA OTTAWA, CANADA


    DEAR SIRS:
        WE HEREBY INFORM YOU THAT THE GOODS UNDER THE ABOVE MENTIONED CREDIT HAVE BEEN
    SHIPPED. THE DETAILS OF THE SHIPMENT ARE STATED BELOW.

    SHIPPING MARKS:         COMMODITY:          LADIES COTTON BLAZER
                                                (100% COTTON, 40SX20/140X60)
    FASHION FORCE           TOTAL G.W.:         3015.000KGS
    F01LCB05127
    CTN NO.                 OCEAN VESSEL:       HUACHANG V. 09981
    MONTREAL
    MADE IN CHINA           DATE OF             MAR. 20, 2001
                            DEPARTURE:

                            B/L NO.:            COS6314203208

                            PORT OF LOADING:    SHANGHAI, CHINA

                            DESTINATION:        MONTREAL, CANADA
```

图 5-19　装船通知

（三）跟进客户是否收到全套清关单据

（1）在信用证的情况下，按照信用证要求制作的全套单据审核无误后，将全套单据的正本寄至议付行，并通知客户单据已经寄出，告知预计船期抵达时间。

（2）在 T/T 的情况下，若货款已全部收齐，先将全套清关单据审核无误后发传至客户审查，并让客户确认无误后，将全套正本单据用国际快递寄给客户，并将面单信息通过邮件告诉客户，同时告之预计货物到达时间。或应客户要求对提单进行电放，电放后将电放提单传至客户即可。

（3）在T/T的情况下，若货款未全部到齐，先将全套清关单据审核无误后发传至客户审查，并让客户确认无误后，通知客户支付剩余货款，当剩余货款全部收齐之后，将全套单据用国际快递邮寄给客户。同样将面单信息告知客户，并告知其预计货物到达时间。或应客户要求对提单进行电放，电放后将电放提单传至客户即可。

（4）根据不同的付款方式，单据处理也不一样，但无论怎样都需要按照合同要求来做。

（5）跟进客户是否已经收到提单等全套清关单据。

(四) 通知客户货物已到达目的港

当货物抵达目的港时，应以邮件形式通知客户货已经到达，以便提醒客户及时清关提货。如果不能及时清关提货，会产生滞港费。滞港费或称堆存费（Demurrage），一般为在做大宗货物进出口时，由于卖买方一方没有按照租船合同约定的装卸率按时完成装卸货物，致使承运的船舶延长在码头的停泊时间，按照租船合同约定而获得的处罚性费用。或买卖双方未能将到港货物及时清关提货，到港货物在港区堆放的时间超出港区所规定的堆放时间而造成的费用。而所谓的滞港费一般多为第二种情况。

(五) 核销退税

当报关成功后的40天左右，核销单、报关单等单据从海关退回来之后即可核销退税。

第四节 课后练习题

一、单项选择题

1. 班轮运输最大的特点是（　　）。
A. 运量大　　　　　　　　B. 承运人负责装卸货物，不另计装卸费
C. 运速快　　　　　　　　D. 费用低

2. 对于成交量较小、批次较多、交接港口分散的货物运输比较适宜（　　）。
  A. 班轮运输　　　　　　B. 租船运输
  C. 定期租船运输　　　　D. 定程租船运输
3. 我国出口到蒙古的杂货运输应选择（　　）。
  A. 海洋运输　　　　　　B. 铁路运输
  C. 航空运输　　　　　　D. 管道运输
4. 铁路运输最大的特点是（　　）。
  A. 风险较小　　　　　　B. 有高度的连续性
  C. 中途转运较多　　　　D. 费用低
5. 在国际货物运输中，使用最多的是（　　）。
  A. 公路　　　　　　　　B. 铁路
  C. 航空　　　　　　　　D. 海洋

二、判断题

1. 联运和多式联运是同样的运输方式。（　　）
2. 滞期费只能在租船合同中出现。（　　）
3. 不清洁提单是说提单上有污渍。（　　）
4. 海运提单的签发日期是指货物开始装船的日期。（　　）
5. 海运提单、铁路提单、航空运单都是物权凭证，都可以通过背书转让。（　　）

三、简答题

1. 为什么在买卖合同中要规定装运通知款？
2. 在选择进出口货物的运输方式时，应考虑哪些因素？
3. 同一包装、同一票货物和同一提单内出现混装情况，班轮公司如何计收运费？
4. 装船通知的基本概念是什么？
5. 什么是快递跟进？

第六章　进出境货物报关的基本知识

【本章重点】

本章主要内容分为两部分。第一部分主要是让学习者认识和了解报关的基本知识。其中主要介绍了报关的含义、分类，货物报关的基本内容，以及进出境货物报关的基本流程。第二部分主要介绍了关检融合统一申报后的主要变化，以及新版报关单填制的规范。

【学习目标】

本章旨在让学习者了解有关报关的基本知识，掌握关检融合后报关单中需要录入数据的项目，以及报关单中各个项目填制的要求等。

通过本章学习，学习者能够掌握以下知识：

1. 进出口货物报关的基本流程；
2. 报关单数据的录入。

【基本概念】

报关、关检融合、海关查验

【建议学习时间】

本章学习需要四课时

第一节 报关的基本知识

一、报关的含义及分类

报关是指进出口货物收发货人、进出境运输工具负责人、进出境物品的所有人或者他们的代理人向海关办理运输工具、货物、物品进出境手续及相关海关事务的过程。《中华人民共和国海关法》规定:"进出境运输工具、货物、物品,必须通过设立海关的地点进境或出境。"因此,通过设立海关的地点进出境并办理规定的海关手续是运输工具、货物、物品进出境的基本规则,也是进出口货物收发货人、进出境运输工具负责人、进出境物品的所有人应履行的一项基本义务。

依据不同的标准,报关的分类如下。

(一)报关目的

按照报关目的的不同,报关可分为进境报关和出境报关两类。海关针对运输工具、货物、物品的进境和出境分别制定了不同的管理规定,从而形成了进境报关手续和出境报关手续。

(二)报关对象

按照报关对象的不同,报关可以分为运输工具的报关、货物的报关和物品的报关。由于海关对进出境运输工具、货物、物品的监管要求各不相同。履行运输工具报关、货物报关、物品报关的具体手续也各不相同。进出境运输工具作为货物、人员及其携带物品的进出境载体,其报关主要是向海关直接交验随附的能反映运输工具进出境合法性及其所承运货物、物品情况的合法证件、清单和其他运输单证,因此其报关手续较为简单。进出境物品由于其非贸易性质,一般数量合理且仅限于自用,所以其报关手续也很简单。海关根据对进出境货物的监管要求,对进出境货物的报关制定了一系列管理规范,因此报关程序较为复杂,所以要求必须由具备一定的专业知识和技能且由海关核准的专业人员代表报关单位专门办理。

(三)报关的行为性质

按照报关的行为性质,报关可分为自理报关和代理报关。进出境运输工具、货物、物品的报关是一项专业性较强的工作,尤其是进出境货物的报关比较复杂。一些运输工具负责人、进出口货物收发货人或者物品的所有人,由于经济、时间、地点等方面的原因不能或者不愿意自行办理报关手续，而委托代理人代为报关，从而形成了自理报关和代理报关两种报关类型。

自理报关，指进出口货物收发货人自行办理报关业务。代理报关，指接受进出口货物收发货人的委托，代理其办理报关业务的行为。我国海关法律把有权接受他人委托办理报关业务的企业称为报关企业。报关企业必须依法取得报关企业注册登记许可并向海关注册登记后方能从事代理报关业务。根据代理报关法律行为责任承担者的不同，代理报关又分直接代理和间接代理两种类型。直接代理报关是指报关企业接受进出口货物收发货人的委托，以委托人的名义办理报关业务的行为。间接代理报关是指报关企业接受委托人的委托以报关企业自身的名义向海关办理报关业务的行为。在直接代理中，代理人代理行为的法律后果直接由被代理人承担。而在间接代理中，报关企业接受进出口货物收发货人的委托以自己的名义办理报关手续，则其承担与收发货人相同的法律责任。目前我国报关企业大多采取直接代理形式来进行报关。

自2018年10月29日起，境内进出口货物收发货人和报关企业可以通过"单一窗口"或"互联网+海关"向海关提交申请进行注册登记。对完成注册登记的报关单位，海关向其核发"海关报关单位注册登记证书"。报关单位的类型如图6-1所示。

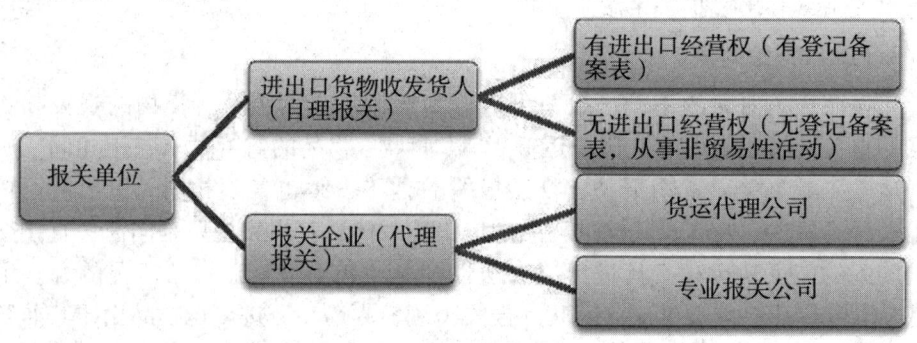

图6-1 报关单位的类型

（四）报关形式

按照报关形式的不同，报关又可分为有纸报关、无纸报关；口岸报关、一体化报关；逐票报关、集中报关；提前报关、运抵报关。

（1）有纸报关须在海关系统进行报关数据申报后，凭海关要求的报关文件再去海关柜面交单，须在现场海关进行系统内人工放行，凭海关加盖验讫章的报关文件才可提货或者送货。无纸报关只需在系统申报，海关可直接在系统中放行单证，放行后报关单位会收到无纸化进出口放行通知书。相较于有纸报关，无纸报关通关速度快、成本低，是现在普遍采用的报关形式。

（2）口岸报关是指报关单位在货物的实际进出境口岸海关报关。一体化报关是指在全国通关一体化改革后报关单位可以自主选择申报海关，按一体化模式报关可实现属地报关、口岸验放。

（3）逐票报关是指每一批货物进出境时都要填制报关单向海关进行报关。集中报关则是指境内收发货人在备案后，如需在同一海关口岸多批次进出口规定范围内的货物，可以先以清单的形式申报货物进出口，然后再在规定的期限内以报关单集中办理手续的特殊通关方式进行报关。

（4）提前报关是指先报关，后将货物运抵海关监管区域。运抵报关是指先将货物运抵海关监管区域，后报关。

二、货物报关的基本内容及流程

根据海关规定，进出境货物的报关业务应由具有报关资格并在海关注册的报关人员办理。进出境货物的报关业务包括：按照规定填制报关单，如实申报进出口货物的商品编码、实际成交价格、原产地及相应的优惠贸易协定代码，并办理提交报关单证等与申报有关的事宜，申请办理缴纳税费和退税、补税事宜，申请办理加工贸易合同备案、变更和核销及保税监管等事宜，申请办理进出口货物减税、免税等事宜，办理进出口货物的查验、检验、检疫、结关以及应由报关单位办理的其他事宜。

随着无纸化通关的全面展开，进出境货物报关一般包括以下五个环节：准备报关、电子申报、缴纳关税、配合查验、办理放行。在开始申报前先要备好货物，联系好承运人；在申报阶段要注意申报的时限以及所需的各种单据；缴纳税费时应注意收费的方式和缴费的时限；配合查验阶段主要涉及查验地点和查验的方法；最后完成结关手续即可依据海关签印提走货物。进出境货物报关的办理流程如图6-2所示。

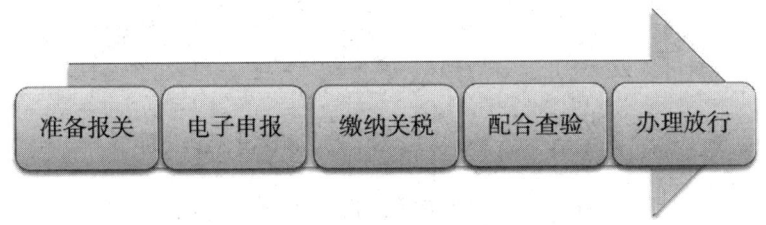

图6-2 进出境货物报关的办理流程

(一) 准备报关

首先,报关之前需要整理报关资料,以便做好报关的准备工作。其次,要核对装载货物运输工具的舱单信息。确保申报的进出境货物所涉及的运输工具名称、集装箱等,与舱单信息保持一致,否则报关单会被海关退单。2015年7月起,海关总署面向全国海关推广汇总征税业务。所有海关注册登记收发货均适用汇总征税模式。在汇总征税模式下,报关人员需要先核实报关单境内收发货人的信用等级,确认其符合海关的要求,督促境内收发货人提供合格的银行保函或保证金,然后向属地直属海关办理汇总征税备案。备案完成之后,在担保额度内企业可实现"先放后税"。

(二) 电子申报

申请报关必须由经海关审核准予注册的代理报关企业和自理报关企业的人员来进行。关检融合后,报关需要登录"互联网+海关"申报系统或登录"单一窗口"选择申报地系统后进行申报,如图6-3所示。申报时首先要进行报关单的预录入,在对录入后的数据进行检查后可暂存报关单。当报关工作准备就绪,货物运抵海关监管区域后,提交暂存的报关单,完成进出口货物的电子申报。海关接受申报后,符合条件的企业会收到"接受申报"回执;对于不符合条件的,系统则会发送"退单"回执。

图6-3 "互联网+海关"申报系统

申报阶段特别要注意申报的时限。除获得海关特别准许外,出口商应当在货物运抵海关监管区之后、货物装运的二十四小时之前,向海关进行申报。进口商应当自运输工具申报进境之日起十四日内进行申报;如超过三个月未向海关申报,则由海关提取货物并进行依法变卖处理。在扣除运输、装卸、储存等费用和税款后,如果所得价款尚有余款的,自货物依法变卖之日起一年内,经收货人申请,予以发还剩余款项。如果货物属于国家对进口有限制性规定的产品,则应提交许可证件;而不能提供的,不予发还。逾期无人申请或者不予发还的余款,上缴国库。

(三) 缴纳关税

进口货物的收货人、出口货物的发货人是进出口税费的纳税义务人。从报关业务的角度来看,关税分为进口关税和出口关税。2015年7月起,海关总署面向全国海关推广汇总征税业务,所有海关注册登记收发货均适用汇总征税模式。因此,办理过"汇总征税"备案的企业不需要针对每一笔货物进行单独的缴税工作。未办理"汇总征税"备案的企业可以选择"自报自缴"来完成缴税。在"自报自缴"模式下企业申报流程分为四步:(1) 在预录入系统中进行报关单涉税要素等各项数据的录入;(2) 利用系统的海关计税服务工具对应缴纳税费进行计算;(3) 在对税费计算结果进行确认后,连同报关单预录入内容一并提交至海关(进出口企业、单位需在当日对税费进行确认;不予确认的,可重新申报);(4) 收到海关通关系统发送的回执后,自行办理相关税费缴纳手续。未经法律授权,其他任何单位或个人均不得行使征收关税的权力。

(四) 配合查验

配合查验是指由进出口商在海关进行查验时予以配合的行为。海关查验出口货物会以出口货物报关单和其他报关单证为依据,在海关监管区域内的进出口口岸码头、车站、机场、邮局等处对出口货物进行检查和核对。经进出口收发货人的申请,海关审核同意后,对大宗散装货、鲜活商品、危险品或是落驳运输的货物,也可根据装卸环节在作业现场予以查验。针对成套设备、精密仪器、贵重物资、急用物资以及"门到门"运输的集装箱货物等特殊情况,如果进出口收发货人或其代理人提出申请,海关审核同意,也可派员在规定的时间到场所以外的工厂或仓库查验货物。

海关实施查验可以采取彻底查验或是抽查的方式。进行彻底查验时会逐件开拆包装,检查出口货物的名称、品质规格、包装状况、数量、重量、标记唛码、生产或贸易国别等事项是否与进出口货物收发货人向海关申报的内容相符。抽查是按照一定比例对一宗货物中的部分货物有选择地验核实际状况的行为。

海关在对进出口货物实施查验前，会通知进出口货物收发货人或者其代理人到场，以便随时答复海关查验人员提出的问题或为海关查验人员提供有关单证、文件、必要的资料。发货人在现场还应对查验工作进行必要的协助，例如，负责搬移货物、开拆和重封货物包装等。在查验过程中海关如发现走私违规情形，出口企业相关人员还必须积极配合海关进行调查。在查验结束后，查验记录由负责查验的人员如实填写并签名。在场的进出口货物收发货人或者其代理人也必须在查验记录上签名确认。查验记录作为报关单的随附单证由海关保存。海关还可以对进出口货物进行复验和径行开验，在径行查验时，报关单位不能陪同。

（五）办理放行

海关放行是海关对出口货物进行监管的最后一项业务程序。海关会在审核电子数据报关单、查验货物和征税等手续都办理完毕后放行货物。海关在口岸放行是对整个监管程序进行复核的重要环节。在"无纸通关"模式下，海关会同时将决定放行的信息发送给进出口货物的收发货人和海关监管货物保管人。报关单位通过申报系统查询获知海关放行之后，就可以自行打印海关通知放行的凭证并提取、装运货物了。

第二节 关检融合与报关单数据的录入

一、关检融合

在出入境检验检疫职责和队伍划入海关后，2018年6月1日起，海关总署全面取消通关单。在关检融合前，通关单的存在将口岸通关流程分割为检验检疫作业和海关作业两个不同部分，两部分作业依靠通关单实现关联，组成进出口货物口岸通关完整流程；关检融合后，出入境检验检疫职责纳入海关现有通关流程，由海关统一办理进出口货物通关手续。对于法检商品，企业通过"互联网+海关"及"单一窗口"界面录入相关数据向海关一次申报。同时，在海关申报项目整合完成前，允许企业根据使用习惯，对进口法检商品自主选择申报途径。

二、报关单数据的录入

2018年关检融合后,"单一窗口"申报入口的调整实现了申报内容、参数规范、提交单据的整合,形成了具有56个项目的新版报关单版式,布局改为横版,并且取消了套打。"单一窗口"数据页面包含表头、表体、集装箱和随附单证等四个部分,如图6-4所示。

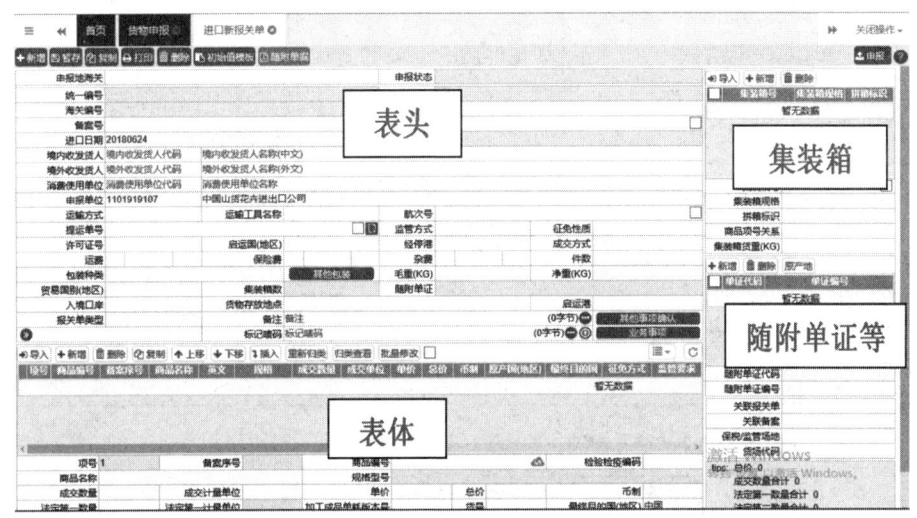

图6-4 "单一窗口"数据页面

海关总署2019年第18号关于修订《中华人民共和国海关进出口货物报关单填制规范》公告的颁布,规定了如何在"单一窗口"进行各项数据的录入。新版进出口报关单如表6-1和表6-2所示。

表6-1　中华人民共和国海关进口报关单

预录入编号：　　　　海关编号：　　　　　（申报地海关）　　　　页码/页数

境内收货人	进境关别	进口日期		申报日期	备案号	
境外发货人	运输方式	运输工具名称及航次号		提运单号	货物存放地点	
消费使用单位	监管方式	征免性质		许可证号	启运港	
合同协议号	贸易国（地区）	启运国（地区）		经停港	入境口岸	
包装种类	件数	毛重（千克）	净重（千克）	成交方式	运费	保费	杂费

随附单证	
随附单证1：	随附单证2：

标记唛码及备注

项号	商品编号	商品名称及规格型号	数量及单位	单价/总价/币制	原产国（地区）	最终目的国（地区）	境内目的地	征免

特殊关系确认：	价格影响确认：	支付特许权使用费确认：	自报自缴：
申报人员　　申报人员证号　　　　电话 兹申明对以上内容承担如实申报、依法纳税之法律责任 申报单位　　　　　　　　　　　　申报单位（签章）			海关批注及签章

表6-2 中华人民共和国海关出口报关单

预录入编号：　　　海关编号：　　　（申报地海关）　　　页码/页数

境内发货人	出境关别	出口日期		申报日期	备案号
境外收货人	运输方式	运输工具名称及航次号		提运单号	
生产销售单位	监管方式	征免性质		许可证号	
合同协议号	贸易国（地区）	运抵国（地区）		指运港	
包装种类	件数　毛重（千克）　净重（千克）		成交方式	运费　保费　杂费	
随附单证 随附单证1：　　　　　　　随附单证2：					
标记唛码及备注					
项号　商品编号　商品名称及规格型号　数量及单位　单价/总价/币制　原产国（地区）　最终目的国（地区）　境内目的地　征免					
特殊关系确认：　　价格影响确认：　　支付特许权使用费确认：　　自报自缴：					
申报人员　　申报人员证号　　电话 兹申明对以上内容承担如实申报、依法纳税之法律责任 申报单位　　　　　　　　　　　　申报单位（签章）					海关批注及签章

1. 预录入编号和海关编号都为18位，由系统自动生成，无需人工录入。其中第1位至第4位为接受申报海关的代码（海关规定的"关区代码表"中相应的海关代码），第5位至第8位为录入时的公历年份，第9位为进出口标志（"1"为进口，"0"为出口；集中申报清单中"I"为进口，"E"为出口），后9位为顺序编号。

2. 海关编号：海关接受申报时给予报关单的编号，一份报关单对应一个海关编号，由系统自动生成。填报海关编号应根据"关区代码表"中相应的海关名称和代码进行填报。报关单海关编号为18位，其中第1位至第4位为接受申报海关的代码（海关规定的"关区代码表"中相应的海关代码），第5位至第8位为海关接受申报时的公历年份，第9位为进出口标志（"1"为进口，"0"为出口；集中申报清单中"I"为进口，"E"为出口），后9位为顺序编号。

3. 境内收发货人（原收发货人）：填报在海关备案的执行进出口贸易合同的境内法人、其他组织名称及编码。法人和其他组织统一社会信用代码为18位，没有统一社会信用代码的，填报其在海关的备案编码。特殊情况下的填报要求如下：

（1）进出口货物合同的签订者和执行者非同一企业的，填报执行合同的企业。

（2）外商投资企业委托进出口企业进口投资设备、物品的，填报外商投资企业，并在标记唛码及备注栏注明"委托某进出口企业进口"，同时注明被委托企业的18位法人和其他组织统一社会信用代码。

（3）有代理报关资格的报关企业代理其他进出口企业办理进出口报关手续时，填报委托的进出口企业。

（4）海关特殊监管区域收发货人填报该货物的实际经营单位或海关特殊监管区域内经营企业。

4. 进（出）境关别（原进出口口岸）：根据"关区代码表"中相应口岸的海关名称及代码和货物实际进出口的海关来填报。特殊情况下的填报要求如下：

（1）进口转关运输货物填报货物进境地海关名称及代码，出口转关运输货物填报货物出境地海关名称及代码。按转关运输方式监管的跨关区深加工结转货物，出口报关单填报转出地海关名称及代码，进口报关单填报转入地海关名称及代码。

（2）在不同海关特殊监管区域或保税监管场所之间调拨、转让的货物，填报对方海关特殊监管区域或保税监管场所所在的海关名称及代码。

（3）其他无实际进出境的货物，填报接受申报的海关名称及代码。

5. 进出口日期：运载进出口货物的运输工具申报进境和办结出境手续的日期。无实际进出境的货物，填报海关接受申报的日期。进（出）口日期为八位数字，顺序为年（四位）、月（两位）、日（两位）。

6. 申报日期：海关接受进出口货物收发货人或者代理报关的报关企业申请的日期。以电子数据报关单方式进行申请的，申报日期为系统接受申报数据时记录的日期；以纸质报关单方式进行申请的，申报日期为海关接受报关单并对报关单进行登记处理的日期。申报日期为八位数字，顺序为年（四位）、月（两位）、日（两位）。

7. 备案号：填报进出口货物收发货人、生产销售或是消费使用单位在海关办理加工贸易的合同备案号或征、减、免税审核确认等手续时，海关核发的《加工贸易手册》、海关特殊监管区域和保税监管场所保税账册、"征免税证明"或其他备案审批文件的编号。一份报关单只允许填报一个备案号。

8. 境外收发货人（2018年新增）：填报出口贸易合同中的买方或合同指定的收货人的名称及编码。进口合同中境外发货人通常指签订并执行合同的卖方。收发货人名称一般以英文进行填报。检验检疫要求填报其他外文名称的，在英文名称后填报，以半角括号分隔。对于AEO互认国家（地区）企业的，还应填报AEO编码，填报样式为：国别（地区）代码+海关企业编码。特殊情况下无境外收发货人的，名称及编码填报"NO"。

9. 运输方式：包括实际运输方式和海关规定的特殊运输方式，前者指货物实际进出境的运输方式，按进出境所使用的运输工具分类；后者指货物无实际进出境的运输方式，按货物在境内的流向分类。按海关规定的"运输方式代码表"和实际进出境所使用的运输工具的分类进行选择填报。

10. 运输工具名称及航次号：在填报时分为两栏，填报运载货物进出境的运输工具具体的名称或编号、航次号。填报内容应与运输部门向海关申报的舱单（载货清单）所列相应内容一致。直接在进出境地或采用全国通关一体化通关模式办理报关手续的该栏目的填报要求如下：

（1）水路运输：填报船舶编号（来往港澳小型船舶为监管簿编号）或者

船舶英文名称。

（2）公路运输：启用公路舱单前，填报该跨境运输车辆的国内行驶车牌号，深圳提前报关模式的报关单填报国内行驶车牌号+"/"+"提前报关"。启用公路舱单后，免予填报。

（3）铁路运输：填报车厢编号或交接单号。

（4）航空运输：填报航班号。

（5）邮件运输：填报邮政包裹单号。

（6）其他运输：填报具体运输方式名称，例如：管道、驮畜等。

11. 提运单号：出口货物提单或运单号。一份报关单只允许填报一个提单或运单号。当一笔货物对应多份提单或运单时，要进行分单填报。直接在进出境地或采用全国通关一体化通关模式办理报关手续的运输工具名称的具体填报要求如下：

（1）水路运输：填报进出口提单号。如有分提单的，填报进出口提单号+"*"+分提单号。

（2）公路运输：启用公路舱单前，免予填报；启用公路舱单后，填报进出口总运单号。

（3）铁路运输：填报运单号。

（4）航空运输：填报总运单号+"_"+分运单号，无分运单的填报总运单号。

（5）邮件运输：填报邮运包裹单号。

12. 货物存放地点：填报海关监管场所、隔离检疫场、分拨仓库等货物进境后存放的场所或地点。

13. 消费使用/生产销售单位：应填报消费使用或生产销售单位的名称和18位法人和其他组织统一社会信用代码。若无18位统一社会信用代码的，填报"NO"。

（1）消费使用单位填报已知的进口货物在境内的最终消费、使用单位的名称，包括：自行进口货物的单位和委托进出口企业进口货物的单位。

（2）生产销售单位填报出口货物在境内的生产或销售单位的名称，包括：自行出口货物的单位和委托进出口企业出口货物的单位。

（3）免税经营出口退税国产商品的，填报该免税品经营单位统一管理的免税店。

(4) 进口货物在境内的最终消费或使用以及出口货物在境内的生产或销售的对象为自然人的，填报身份证号、护照号、台胞证号等有效证件号码及姓名。

14. 监管方式：应按海关规定的"监管方式代码表"选择填报相应的监管方式简称及代码。代码由四位数字构成，前两位是分类代码，后两位是参照国际标准编制的贸易方式代码。一份报关单只允许填报一种监管方式。若一批货物涉及不同监管方式则需要进行分单处理。

15. 征免性质：应根据海关的"征免性质代码表"来选择和填报相应的征免性质的简称及代码。一份报关单只允许填报一种征免性质。持有海关签发的"征免税证明"的，根据其中批注的征免性质填报。加工贸易货物应根据海关核发的《加工贸易手册》中批注的简称和代码来填报。

16. 许可证号：依据商品监管条件所需要的许可证的编号。例如：进出口许可证、出口许可证（加工贸易）、纺织品临时出口许可证、两用物项和技术进出口许可证等的编号。一份报关单只允许填写一个许可证号。

17. 启运港：应按照海关规定的"港口代码表"来填报相应的港口名称和代码，未列明的可填报国家名称和代码。货物从海关特殊监管区域或保税监管场所运至境内区外的，填报"港口代码表"中相应海关特殊监管区域或保税监管场所的名称及代码，未在"港口代码表"中列明的，填报"未列出的特殊监管区"及代码。其他无实际进境的货物，填报"中国境内"及代码。

18. 合同协议号：该项需根据外贸合同上的编号来填报。未发生商业性交易的免予填报。免税品经营单位经营出口退税国产商品的，免予填报。

19. 贸易国（地区）：发生商业性交易的进口填报购自国（地区），出口填报售予国（地区）。未发生商业性交易的填报货物所有权拥有者所属的国家（地区）。按海关规定的"国别（地区）代码表"选择填报相应的贸易国（地区）中文名称及代码。

20. 启运国（地区）/运抵国（地区）：填报该项应按照海关规定的"国别（地区）代码表"选择填报相应的名称和代码。

（1）启运国（地区）填报进口货物启始发出直接运抵我国或者在运输中转国（地区）未发生任何商业性交易的情况下运抵我国的国家（地区）。

（2）运抵国（地区）填报出口货物离开我国关境直接运抵或者在运输中转国（地区）未发生任何商业性交易的情况下最后运抵的国家（地区）。

(3) 不经过第三国（地区）转运的直接运输进出口货物，以进口货物的装货港所在国（地区）为启运国（地区），以出口货物的指运港所在国（地区）为运抵国（地区）。

(4) 经过第三国（地区）转运的进出口货物，如在中转国（地区）发生商业性交易，则以中转国（地区）作为启运/运抵国（地区）。

21. 经停港/指运港（原装运港/指运港）：经停港指货物运到指运港前的最后一个境外装运港。指运港就是指最终目的港。最终目的港不可预知的，按尽可能预知的目的港填报。这两项的填报都要根据海关规定的"港口代码表"信息填报相应的名称和代码。无实际进出境的货物，填报"中国境内"及代码。

22. 入境口岸/离境口岸：应根据运输单据上列明的装运港/目的港的信息来进行填报。根据海关规定的"国内口岸编码表"来填报相应的代码。入境口岸/离境口岸类型包括港口、码头、机场、机场货运通道、边境口岸、火车站、车辆装卸点、车检场、陆路港、坐落在口岸的海关特殊监管区域等。

(1) 入境口岸：填报进境货物从跨境运输工具卸离的第一个境内口岸的中文名称及代码；采取多式联运跨境运输的，填报多式联运货物最终卸离的境内口岸中文名称及代码；过境货物填报货物进入境内的第一个口岸的中文名称及代码；从海关特殊监管区域或保税监管场所进境的，填报海关特殊监管区域或保税监管场所的中文名称及代码。其他无实际进境的货物，填报货物所在地的城市名称及代码。

(2) 离境口岸：填报装运出境货物的跨境运输工具离境的第一个境内口岸的中文名称及代码；采取多式联运跨境运输的，填报多式联运货物最初离境的境内口岸中文名称及代码；过境货物填报货物离境的第一个境内口岸的中文名称及代码；从海关特殊监管区域或保税监管场所离境的，填报海关特殊监管区域或保税监管场所的中文名称及代码。其他无实际出境的货物，填报货物所在地的城市名称及代码。

23. 包装种类：根据提单、运单或是装箱单上列明所有实际的包装种类、材料等包装信息以及海关规定的"包装种类代码表"来填报包装名称和代码。运输包装指提运单所列货物件数单位对应的包装，其他包装包括货物的各类包装，以及植物性铺垫材料等。

24. 件数：该项为出口货物的总包装件数，有关件数的信息同样来自提单、运单、舱单、装箱单等。填报进出口货物运输包装的件数按运输包装计。舱单件数为集装箱的，填报集装箱个数。舱单件数为托盘的，填报托盘数。件数栏不得填报为"0"，裸装货物填报为"1"。

25. 毛重：根据提单、运单、装箱单上的信息来填报。计量单位为千克，不足一千克的填报为"1"。

26. 净重：根据装箱单上的总净重来填写除去外包装材料后的货物本身的实际重量。计量单位同样为千克，不足一千克的填报为"1"。

27. 成交方式：根据实际成交价格条款，如"FOB"、"CFR"等，按"成交方式代码表"选择填报相应的成交方式或代码。

28. 运费：运费信息来自于运输发票，运费可以按照运费单价、总价或运费率三种方式中的任意一种来填报。运费栏包含 ABC 三项：A 栏中要求输入运费方式（运费率、运费单价、运费总价）；B 栏输入运费或运费率具体数值；C 栏为货币代码。

29. 保费：保费信息来自于保险费发票，或由境内收发货人提供。保费可以按照保费总价或保险费率方式中的任意一种来填报。

30. 杂费：信息来自于相关发票，或由境内收发货人提供。杂费用于填报成交价格以外应计入完税价格或从完税价格中扣除的费用，例如佣金。填报时可按杂费总价或杂费率两种方式之一填报，注明杂费标记（杂费标记"1"表示杂费率，"3"表示杂费总价），并按海关规定的"货币代码表"选择填报相应的币种代码。

31. 随附单证及编号：本栏目分为随附单证代码和随附单证编号两栏。填报第一栏时应根据"监管证件代码表"选择填报除"许可证号"栏填报的许可证以外的许可或监管证件。进行第二栏申报时需要上传电子随附单据。填报时应根据"随附单据代码表"中的单据代码和编号来填写。

32. 标记唛码及备注：系统分标记唛码及备注两栏填报。标记唛码的内容来自合同、发票等单据上的唛头信息。备注栏应根据实际需要填写。填报时应注意以下信息：

（1）标记唛码中除图形以外的文字、数字，无标记唛码的填报"N/M"。

（2）受外商投资企业委托代理其进口投资设备、物品的进出口企业名称。

（3）与本报关单有关联关系的，同时在业务管理规范方面又要求填报的备案号，填报在电子数据报关单中"关联备案"栏。

（4）与本报关单有关联关系的，同时在业务管理规范方面又要求填报的报关单号，填报在电子数据报关单中"关联报关单"栏。

（5）保税监管场所进出口货物，在"保税/监管场所"栏填报本保税监管场所编码［保税物流中心（B型）填报本中心的国内地区代码］，其中涉及货物在保税监管场所间流转的，在本栏目填报对方保税监管场所代码。

（6）跨境电子商务进出口货物，填报"跨境电子商务"。

（7）已经在进入特殊监管区时完成检验的货物，在出区入境申报时，填报"预检验"字样，同时在"关联报检单"栏填报实施预检验的报关单号。

（8）集装箱体信息填报集装箱号（在集装箱箱体上标示的全球唯一编号）、集装箱规格、集装箱商品项号关系（单个集装箱对应的商品项号，半角逗号分隔）、集装箱货重（集装箱箱体自重+装载货物重量，单位为千克）。

（9）进出口列入目录的进出口商品及法律、行政法规规定须经出入境检验检疫机构检验的其他进出口商品实施检验的，填报"应检商品"字样。

33. 项号：商品的排列序号，出口货物在按税则归类后，每一类货物依次对应一个序号。该项目分两行填报，第一行填报报关单中的商品排列序号。第二行专用于加工贸易等已备案的货物，填报该项货物在"登记手册"中的编号。有关优惠贸易协定项下报关单填制要求按照海关总署相关规定执行。

34. 商品编号：填制时应以当年的海关进出口税则为准，填报由10位数字组成的商品编号。前8位为《中华人民共和国进出口税则》和《中华人民共和国海关统计商品目录》确定的编码；第9位、第10位为监管附加编号。

35. 商品名称及规格型号：分两行填报，第一行填写规范的出口商品的中文名称，第二行填写出口商品的规格型号。商品的名称及规格型号应据实填报，并与进出口货物收发货人或受委托的报关企业所提交的合同、发票等相关单证相符。商品名称应当规范，规格型号应当足够详细，以能满足海关归类、审价及许可证件管理要求为准，可参照《中华人民共和国海关进出口商品规范申报目录》中对商品名称、规格型号的要求进行填报。

如果商品为由同一运输工具同时运抵同一口岸，并且属于同一收货人、使用同一提单的多种进口货物，按照商品归类规则应当归入同一商品编号的，应当将有关商品一并归入该商品编号。商品名称填报一并归类后的商品名称；规格型号填报一并归类后商品的规格型号。

36. 数量及单位：成交数量来自于合同、发票等单据上的相应信息。应分三行填报，第一行按进出口货物的法定第一计量单位填报数量及单位，法定计量单位以《中华人民共和国海关统计商品目录》中的计量单位为准。第二行按第二法定计量单位填报，如无第二法定计量单位，此行空缺，第三行应填报成交计量单位及数量。

37. 单价/总价/币制：应填报货物实际成交的商品单价、总价和币种。货币名称或代码可在"货币代码表"中查找，如"货币代码表"中无实际成交币种，需转换后填报。

38. 原产国（地区）：依据《中华人民共和国进出口货物原产地条例》、《中华人民共和国海关关于执行〈非优惠原产地规则中实质性改变标准〉的规定》以及海关总署关于各项优惠贸易协定原产地管理规章规定的原产地确定标准填报。同一批进出口货物的原产地不同的，分别填报原产国（地区）。进出口货物原产国（地区）无法确定的，填报"国别不详"。按照海关规定的"国别地区代码表"选择填报相应的国家或地区名称和代码。数据可从合同、发票、提单上的信息或是原产地证书、证明来获得。

39. 最终目的国（地区）：填报已知的进出口货物的最终实际消费、使用或进一步加工制造国家（地区）。不经过第三国（地区）转运的直接运输货物，以运抵国（地区）为最终目的国（地区）；经过第三国（地区）转运的货物，以最后运往国（地区）为最终目的国（地区）。同一批进出口货物的最终目的国（地区）不同的，分别填报最终目的国（地区）。进出口货物不能确定最终目的国（地区）时，以尽可能预知的最后运往国（地区）为最终目的国（地区）。填制时按"国别（地区）代码表"选择填报相应的国家（地区）名称或代码。数据为提单、运单上的目的港、目的地所属的国家或地区。

40. 境内目的地/境内货源地：申报时需要填写境内目的地和货源地两栏的代码。境内目的地填报已知的进口货物在国内的消费、使用地或最终运抵地，其中最终运抵地为最终使用单位所在的地区。最终使用单位难以确定的，填报货物进口时预知的最终收货单位所在地。境内货源地填报出口货物在国内的产地或原始发货地。出口货物产地难以确定的，填报最早发运该出口货物的单位所在地。代码可以通过查询"国内地区代码表"和"行政区划代码表"获得。

41. 征免：按实际情况，结合"监管方式""征免性质"栏的内容确定。

按照海关颁发的"征免税证明"和相关的政策规定填写相应的征免方式。可在"征减免税方式代码表"查找相应的征减免税方式信息。

42. 特殊关系确认：点击其他事项确认栏后会出现三个子栏目，特殊关系栏是第一个子栏目，信息由境内收发货人提供。根据《中华人民共和国海关审定进出口货物完税价格办法》的规定，双方如果存在例如：买卖双方为同一家族成员；一方直接或间接受另一方控制；买卖双方都直接或间接的受第三方控制等情况的认为双方存在特殊关系。

43. 价格影响确认：点击其他事项确认栏后会出现的第二个子栏目，该项信息同样由境内收发货人提供。如未对价格产生影响填报"否"。

44. 支付特许权使用费确认：点击其他事项确认栏后会出现的第三个子栏目，其用于填报确认买方是否存在向卖方或者有关方直接或者间接支付与进口货物有关的特许权使用费，且未包括在进口货物的实付、应付价格中。该项信息同样由境内收发货人提供。

45. 自报自缴：如果采用自报自缴模式则填报"是"，反之填报"否"。

46. 申报单位：自理报关的企业填报企业名称及编码，委托代理报关的，填报关企业名称和编码。编码为18位法人和其他组织统一社会信用代码。报关人员需填报在海关备案的姓名、编码、电话，并加盖申报单位印章。

47. 加工成品单版本号：申报加工贸易货物出口报关单时，申报系统自动返填与《加工贸易手册》中备案成品单号一致的版本号。

48. 货号：申报加工贸易货物进出口报关单时，根据《加工贸易手册》中备案的料件、成品货号来填报系统中的该栏目。

在进行进口申报时，以下四类为需要录入检务项目的法检商品，它们分别为：（1）法律中规定的商品，例如：大宗散装商品、易腐烂变质商品固体、废物原料、已发生残损或短缺的商品；（2）疫病疫情传播风险高的，例如：活动物及遗传物质、植物及植物繁殖材料、散装的粮谷、油料作物、食用油脂、干坚果、粮食、杂粮杂豆、肥料、烟草、原木板材、种子苗木、栽培介质、竹木草柳制品、切枝切花、新鲜水果等；（3）质量安全风险高的，例如：特殊物品（血清）、危险化学品、危险货物、矿产煤炭、旧机电等；（4）其他情况，指定进出口岸（冻肉、冰鲜水产品）、特定监管机构（汽车、心脏起搏器）、特殊贸易方式（援外物资、市场采购）等。

对于进口的货物并非政策规定必须录入检务项目的商品，企业也可以在录入报关数据时进行"检验检疫名称"的录入,选择进行主动申报。选择主动申报的同法检商品一样,以下16个报检必填字段全部录入。它们分别是检验检疫名称、境内收发货人检验检疫10位编码、申报单位检验检疫10位编码、货物存放地点、境内目的地、入境口岸、检验检疫受理机关、口岸检验检疫机关、用途代码、启运日期、启运港、货物属性代码、集装箱规格(集装箱货物必填)、领证机关、目的地检验检疫机关、标记喷码16项。

进口商品中的一般进口货物通过"单一窗口"实施统一申报。出口商品如涉检,需要在报关前使用申报系统的"出境检验检疫申请"功能,向当地海关提出申请。海关在实施监管后建立电子底帐,并把数据号反馈给企业,并按规定给合格的商品签发检验检疫证书。企业在报关的时候,填写电子底帐数据号,办理通关手续。

第三节 课后练习题

一、单项选择题

1. 进出口货物收发货人或其代理人配合海关查验的工作不包括( )。

A. 负责搬移货物,开拆和重封货物的包装

B. 回答查验关员的询问

C. 负责提取海关需要作进一步检验、化验或鉴定的货样

D. 签字确认查验记录

2. 下列关于进出口货物报关的表述,不正确的是( )。

A. 进出口货物报关是指进出口货物收发货人或其代理人向海关办理货物进出境手续及相关海关事务的过程

B. 进出口货物报关只能在进出境地海关办理

C. 进出口货物报关可以由进出口收发货人自行办理,也可以委托报关企业代为办理

D. 进出口货物报关应由依法取得报关员从业资格,并在海关注册登记的报关员办理

3. 报关单海关编号为18位，请在下列选项中指出18位编号的正确组成规定。（   ）

A. 海关代码，公历年份，进出口标志，顺序编号

B. 进出口标志，顺序编号，公历年份，海关代码

C. 海关代码，进出口标志，顺序编号，公历年份

D. 海关代码，进出口标志，公历年份，顺序编号

4. 报关是指进出境运输工具的负责人、进出境物品的所有人、进出口货物的收发货人或其代理人向（   ）办理进出境手续的全过程。

A. 边检　　　　　　　　　B. 海关

C. 进出境商品检验检疫局　　D. 外经贸部门

5. 下列关于自理报关和代理报关表述，错误的是（   ）。

A. 进出口货物收发货人自行办理报关业务称为自理报关

B. 报关企业必须向海关注册登记后方能从事代理报关业务

C. 间接代理报关是指报关企业以委托人的名义办理报关业务的行为

D. 直接代理报关中代理人代理行为的法律后果直接作用于被代理人

二、判断题

1. 海关在查验货物时，报关单位应派人配合海关对进出口货物进行查验。海关还可以对进出口货物进行复验和径行开验，在径行查验时，报关单位不能陪同。（   ）

2. 我国报关企业目前大都采取直接代理形式代理报关，即接受委托人（进出口货物收发货人）的委托，以报关企业自身的名义向海关办理进出口报关手续。（   ）

3. 直接代理是指报关企业接受委托人的委托，在进行报关时以报关企业自身的名义向海关办理报关。（   ）

4. 北京煤炭进出口总公司（011091××××）对巴基斯坦签约出口"水洗炼焦煤"10万吨，由唐山煤炭分公司（043091××××）执行合同，组织货源，并安排出口。在这一情况下报关单"经营单位"栏目应填报为"北京煤炭进出口总公司11091××××"。（   ）

5. 申报日期是报关单位就货物进出口向海关申报的日期。在特殊情况下，经过批准先用纸质报关单后采取电子单向海关申报的申报日期，是报关单用

纸质单向海关申报的日期。（   ）

三、简答题

1. 关检融合后的主要变化是什么？
2. 外商投资企业委托进出口企业进口投资设备、物品时，报关单中境内收发货人栏目如何填写？
3. 报关的分类有哪些？
4. 报关单中需要录入检务项目的法检商品有哪几类？
5. 简述出口报关的主要流程。

第七章　制单结汇

【本章重点】

通过本章学习，使学生了解并掌握制单结汇的基本步骤以及一些常见的结汇单据，国际贸易单证制单的基本要求、如何缮制单据和审核单据，以及交单结汇的过程和注意事项。

【学习目标】

本章旨在让学习者了解制单结汇的基本步骤，熟悉一些基本的结汇单据，从而掌握如何缮制单据、审核单据以及如何交单结汇。

通过本章学习，学习者能够掌握以下知识（技能）：

1. 制单结汇的步骤；
2. 缮制单据；
3. 审核单据。

【基本概念】

制单结汇、缮制单据、审核单据

【建议学习时间】

本章学习需要八课时

第七章 制单结汇

第一节 制单结汇的步骤与常见的结汇单据

一、制单结汇的步骤

出口制单结汇的流程如下。

（一）核查

在制单前，出口企业应将货物的出库资料（出库单或提货单）与信用证或合同进行核对，如货、证是否一致，否则及时修改。出口企业应该将单证中需要填写的数据，如尺码、毛重、净重、单价、总价、佣金等，逐项核算，确保单证填制的准确性。

（二）备单

根据信用证或者合同的要求把需要的各种单据，按照所需份数逐一列出在一张制单清单上，以防在缮制单据时缺少遗漏，同时也能提高制单的效率。

一般结汇单据包括汇票（如果需要）、发票、装箱单、提单、商检证书（如果需要）、原产地证明（如果需要）、保险单、受益人证明、船公司证明。

（三）制单

制单一般先从发票和箱单开始缮制。发票是一切单证的中心，发票制妥后，其他单证就可以参照发票的内容予以缮制。凡是信用证项下的单据，必须严格按照信用证条款规定制单，信用证未做明确规定的，必须参照合同条款制单；在T/T、托收等非信用证条件下，制单要以外销合同为依据。

制单要做到三个一致，即"单证一致，单单一致，单货一致"。

单证一致：是指信用证的要求必须在各个单据上明确体现出来，也就是说各个单据及其所载内容必须与信用证条款的要求相互一致。

单单一致：是指各种单据之间必须相互一致，彼此不能有矛盾之处。

单货一致：是指单据上记载的内容应该与实际货物内容相互一致。当然信用证只要求单证一致、单单一致就可以了，信用证并不要求单货一致。

但是，单货不一致可能会导致出口货物在报关、检验时遇到问题，也可能意味着所交货物与合同不符的违约行为。制单前，要通读信用证内容，最好在信用证中的重要条款处做出重要表示记号，提醒制单时需要注意。信用证一般规定了向银行议付的各种单据的份数，必须如数缮制。制单应该在装船或收到提单前进行。应该尽可能提前缮制好单据等待议付。在提前预制单据时，单据的日期、船名等可以留空，待签发提单后再填上船名、日期等。这样可以有充分的时间进行检查，同时为银行预审，以及发现不符点后的修改留下足够的时间，确保可以按时结汇。发票可以先做，再制汇票、保险单及其他单据，坚持以发票为中心，其他单据与发票及单据之间相互对照，内容一致。已经缮制好的单据，若需要修改或更正，最好重新打印，如果需要在原来单据上做出修改或更正，应由出票人加盖校对章。修改最好不超过两处。一定要保证单证清洁。

目前，大多数企业采用电脑制单，在数据输入并校对无误后，便可打印全套单据。如需修改，在电脑中修改后再打印，这样会非常快速、清洁、方便。但是修改时一定要注意相应单据的一致性，单单一致、单证一致。

在缮制单证时，要遵循以下各个原则：

1. 正确性

单证内容必须正确，既要符合信用证的要求，又要真实地反应货物的实际情况，且各个单证之间的内容不能互相矛盾。

2. 完整性

单证份数应该符合信用证的规定，单证的内容必须完备，不能出现项目漏填情况。

3. 及时性

缮制单据要及时，以免错过信用证规定的交单日期或信用证有效期。

4. 简明性

单证内容应该按照信用证要求和国际惯例填写，力求简单明了，切勿列加不必要的内容。

5. 整洁性

单证布局要美观大方，填写或打印的字迹要清楚醒目，尤其是金额、件数、重量的内容。

（四）审单

制单完成后，制单员应该认真审查，如果有差错立即改正，以便迅速有效地向银行交单，保证完全及时收汇。及时性是单证审核的基本要求。对一些单证上的差错及时发现、及时更正，才能避免给交单结汇带来被动。

1. 审单的主要内容

（1）各种单据份数是否符合合同和信用证的要求，内容和签章的完整性。

（2）各种单据的名称和内容与信用证规定是否相符。

（3）各种单据之间内容是否相互一致。

（4）各种单证的签发日期前后是否有矛盾。

2. 审单需注意的内容

（1）提单日期是确定其他单据签发日期的焦点，各种单据签发日期应保持合理，具有逻辑性，并符合国际惯例。

（2）提单日期不得迟于信用证装运期，也不得早于信用证规定的最早装运期。

（3）汇票是根据发票开立的，所以汇票日期应等于或晚于发票日期，且不能先于提单日期，以符合先发货后收款的一般交易原则。

（4）商业发票的日期一般可早于、等于或晚于提单日期，但必须在交单日期以前。

（5）海关发票的签发日期不应迟于提单日期。

（6）形式发票日期应先于装运日期。

（7）领事发票日期不得迟于汇票和提单日期，以满足客户提前办理进口手续的要求。

（8）保险单日期，一般应早于或等于提单日期，以符合装运前投保的要求。如果投保日期晚于提单日期，应经过信用证的特别许可，并注明保险责任何时生效，最好不要晚于提单日期。

（9）装箱单，重量单日期应等于或略迟于发票日期，但不得早于发票日期。

（10）产地证日期一般不得迟于提单日期，普惠制产地证书号码和日期须按正式商业发票填写，签证当局签署日期和出口商签署日期不得早于商业发票日期。

（11）为确定货物经检验合格后才装船，检验证书日期不应晚于提单日期，但也不能过分早于提单日期。特别是鲜活商品和容易变质的商品，以免使买方因检验时间太早而怀疑商品质量和检验结果不符留下借口。

（12）出口许可证日期应早于或等于提单日期。

（13）受益人证明或声明往往在装船后出具，因此，其日期应等于或晚于提单日期。

（14）信用证中如果规定："卖方装船离开后发传真给买方"，那么传真日期应等于或晚于提单日期，且必须在提单日期之后的3天之内。如果信用证规定"卖方至少在装船后××天发传真给买方"，则传真副本日期必须为装船后××天。

（15）因装船后才能证实已装数量和重量，船长收据或证明及须提供具体数据的有关单据日期应等于或晚于提单日期。

（16）船运公司证明证实船籍、船龄、航程的日期应早于或等于提单日期；运费收据日期应早于或等于提单日期。

（五）交单

出口外贸公司（企业）根据信用证的要求缮制备齐全套单据并审核无误后，就可向银行交付单据。单证的交付是指受益人在规定的时间内向议付银行送交信用证项下的全套单据，这些单据经银行审核，根据信用证条款的不同付汇方式，由银行办理结汇。

具体有两种交单方式。

1. 两次交单

两次交单也称预审交单，是指在运输单据签发前，出口企业先将其他已经备妥的单据交银行进行预审，发现问题及时更正，待货物装运收到运输单据（提单）后，再向银行正式交单。这样做的好处是可以当天议付并对外寄单。保证交单议付的及时，安全。

2. 一次交单

一次交单是指在货物装运后，备齐全套单据一次性送交银行。在这种方式下，银行审单后如发现不符点，需要退单修改，容易造成交单逾期而影响安全收汇。

因此，出口外贸公司（企业）要与银行密切配合，采用两次交单方式比较安全、稳妥，从而加速收汇。无论采取何种交单方式，都要注意最后交单日期不得晚于以下三个重要日期：信用证规定的交单日期；运输单据（提单）签发日期后的第 21 天；信用证的有效期。

UCP600 规定：信用证中如果包含一份或多份正本运输单据，则须由受益人或其代表在不迟于发运日之后 21 个日历日（Calender Day）内交单（注意：这里是日历日，而不是工作日）。但是无论在何种情况下，都不得迟于信用证的交单截止日。如果信用证规定交单截止日期超出发运日期的 21 个日历日。那么最迟交单日期只能是发运日后 21 个日历日内。

不过，21 个日历日的规定仅适用于要求的单据，包括一份或多份正本运输单据的情况，在信用证没有要求提交正本运输单据时，受益人只需在信用证规定的交单日期内交单即可。

（六）结汇

结汇是指信用证项下的出口单据经银行审核无误后，银行按信用证规定的付汇条件，将外汇付给出口企业。我国出口业务中，大多使用议付信用证。其主要结汇方式有如下三种。

1. 出口押汇

出口押汇又称买单结汇，或议付结汇，指议付行收到出口单证后，经审查无误,按信用证条款买入受益人(外贸出口企业)的汇票及单证,从票面金额中扣除从议付日期到估计收到开证行货偿付行票款之日的利息,将余款现行垫付给出口商(信用证受益人)。在这种方式下,外贸出口企业交单议付时即可得到货款,而银行对出口企业起到了资金融通的作用,有利于外贸出口企业的资金周转。

2. 受托结汇

在受托结汇方式下,银行在收到外贸出口企业交付的出口单据经审核无误后,将单据寄交开证行,待开证行将货款划给议付行后,议付行再向外贸出口商结汇。

3. 定期结汇

定期结汇是指银行在收到外贸出口企业递交的单据后,根据向国外付款行索汇所需的时间,确定一个固定的结汇期限,到期后无论是否收妥货款,均向出口商结汇。

受托结汇和定期结汇对议付行来说,都是现收后付,不是真正意义上的议付,银行也只能算是代收行。实际工作中,还有一种打包货款的方式,即由议付行在未收到信用证规定的单据之前将一部分款项凭抵押提前借给受益人,风险由银行自负。

目前,我国也有少量使用承兑信用证,承兑信用证的受益人开出远期汇票,通过国内代收行向开证行或开证行指定的银行提示,经其承兑后交单,已得到银行承兑的汇票可到期收款,也可贴现。

二、常见的结汇单据

出口货物装运之后,出口方应按合同或信用证要求,正确缮制各种单证(如箱单、发票、提单、保险单、产地证明等),并在信用证规定的有效时间内,送交银行议付和结汇,从而完成一笔有效的出口任务。所谓结汇单据是指在国际贸易结算中,为解决货币收付问题所使用的各种单据及证明。

常见的结汇单据主要有汇票(如果需要)、发票、装箱单、提单、商检证书(如果需要)、原产地证明(如果需要)、保险单、受益人证明、船公司证明。

(一)汇票

汇票是一种由债权人(即出票人,在国际贸易中通常是出口人)开给债务人(即受票人,一般是进口人)的不以任何条件为前提的书面支付命令。由于跟单信用证项下的汇票的缮制必须严格按信用证上的要求办理,因此尽管汇票是票据的一种,也可视作信用证所要求提交的一种国际贸易结汇单证。

汇票属于资金单据，它可以代替货币进行转让或流通。因此，汇票是一种很重要的有价证券。为了防止丢失，一般汇票都有两张正本，即 First Exchange 和 Second Exchange，根据票据法的规定，两张正本汇票具有同等效力，但付款人付一不付二，付二不付一，先到先付，后到无效。银行在寄送单据时，一般也要将两张正本汇票分为两个邮次向国外寄发，以防在邮程中丢失。

根据《日内瓦统一法》的规定，汇票必须具备下列几项：

（1）必须写明"汇票"（Exchange）字样；
（2）必须有小写和大写的货币名称和金额；
（3）必须有出票日期和地点；
（4）必须有适当的文句表明为无条件的支付命令；
（5）必须有付款期限；
（6）必须有收款人名称；
（7）必须有付款人的名称和地址；
（8）必须有出票人的名称和签字或盖章。

以上 8 点是汇票的要项，要求逐项正确填写，才能构成一份有效的汇票。汇票一般不得涂改，特别是大、小写金额必须保持一致，出票人必须签字或盖章。

（二）发票

发票（Invoice）通常指的是商业发票（Commercial Invoice），它是在货物装出时卖方开立的载有货物名称、数量、价格等内容的价目清单，作为买卖双方交接货物和结算货款的主要单证，也是进出口报关完税必不可少的单证之一。

各进出口公司的商业发票没有统一的格式，但主要项目基本相同，主要包括：发票编号、开制日期、合同号码、收货人名称、运输标志、商品的名称、规格、数量、包装、单价、总值和支付方式等内容。

发票的作用如下：
（1）发票是交易的合法证明文件；
（2）发票是买卖双方办理报关、纳税的计算依据；
（3）在信用证不要求提供汇票的情况下，发票代替汇票作为付款依据；
（4）发票是出口人缮制其他出口单据的依据。

总而言之，发票的主要作用是供进口商凭以收货、记账、支付货款和作为报关纳税的依据。

（三）装箱单

装箱单（Packing List）又称花色码单或包装单，是标明出口货物的包装形式、规格、数量、毛重、净重、体积的一种单据。在结汇中，除散装货物外，一般都要求提供装箱单。

装箱单的作用在于：补充商业发票内容之不足，通过表内的包装件数、规格、唛头等项目填制，明确阐明了商品的包装情况，便于买方对进口商品包装及数量的了解和掌握，也便于国外买方在货物到达目的港时，供海关检查和核对货物。装箱单的填制必须注意与结汇中的其他单据一致，否则会给结汇带来阻碍和影响。装箱单一式几份，由买方提出，出口一方则按要求填制即可。

装箱单的内容，因货物不同而各异，但一般包括合同号码、发票号码、唛头号码、货名及品质、容积及重量（包括毛重、皮重、净重）、进口商或收货人名称及地址、船名、目的地等。装箱单的内容应与货物实际包装相符，并与商业发票、领事发票、提单等所列内容一致。

我国对俄罗斯、独联体各国及东欧等国家出口使用发运清单代替了装箱单，其中有一联是随货物同行的。

(四) 提单

提单（Bill of Lading）是用以证明海上货物运输合同和货物已由承运人接收或装船，以及承运人保证凭以交付货物的单证，根据提单中载明的向记名人交付货物，或者按照指示人的指示交付货物，或者向提单持有人交付货物的条款，构成承运人据以交付货物的保证。在国际货物运输中，提单是最具特色、最完整的运输单据。在国际贸易中，提单是一种有价证券，同时代表物权和债权。在各国有关运输法律中，提单都被认定是一份非常重要的法律文件，提单上的权利的实现必须以交还提单为要件。

（1）从法律规定角度看，提单的基本作用主要表现在以下几个方面：

①提单是海上货物运输合同的证明（Evidence of the Contract of Carriage）；

②提单是货物已由承运人接收或装船的收货证据（Evidence of Receipt for the Cargos）；

③提单是承运人保证凭以交付货物的物权凭证（Documents of Title）。

（2）从外贸业务和运输业务角度看，提单的作用主要表现在以下几个方面：

①提单是承运人有条件地为托运人运输货物的书面确认。托运人签发托运单与承运人签发提单，相互构成运输契约，共同成为托运人与承运人之间关于责任、费用、风险的划分依据。

②提单是银行结汇文件中最重要的文件。买卖双方的交货收款和收货付款，必须借助于能同时代表物权和债权的提单，借助于有资金信誉的银行机

构来实现操作。

③提单是货主与货运代理之间、货运代理与承运人之间或货主与承运人之间的支付或收取运费的凭证,也是互相在经济上制约的有效文件。付款交单就是利用提单实现经济制约的一种手段。

(3) 国际海上货运中所使用的提单种类越来越多,通常使用的提单为全式提单(Long Form B/L)。由于提单的分类标准与种类主要有以下几种情况。

①按货物是否已装船为标准。

a. 已装船提单(On Board B/L; Shipped B/L);

b. 收货待运提单(Received for Shipment B/L)。

②按提单收货人一栏的记载为标准。

a. 记名提单(Straight B/L);

b. 不记名提单(Open B/L; Blank B/L; Bearer B/L);

c. 指示提单(Order B/L)。

③按货物外表状况有无批注为标准。

a. 清洁提单(Clean B/L);

b. 不清洁提单(Unclean B/L; Foul B/L)。

④按不同的运输方式为标准。

a. 直达提单(Direct B/L);

b. 转船提单(Transshipment B/L; Through B/L);

c. 多式联运提单(Combined B/L; Inter-modal B/L; Multimodal Transport B/L)。

⑤按照提单使用的效力为标准。

a. 正本提单(Original Bill of Lading);

b. 副本提单(Duplicate Bill of Lading)。

⑥按提单签发人不同为标准。

a. 班轮公司所签发的提单——班轮提单(Liner B/L; Ocean B/L);

b. 无船承运人所签发的提单——仓至仓提单(NVOCC B/L; House B/L)。

⑦按签发提单时间为标准。

a. 预借提单(Advanced B/L);

b. 倒签提单(Anti-date B/L);

c. 顺签提单(Post-date B/L)。

(五) 商检证书

商检证书(Inspection Certificate)是由公证机构签发的证明商品检验结果

的书面证明文件。另外，如买卖双方同意，也可采用由出口商品的生产单位或进口商品的使用单位出具证明的办法。

1. 商检证书作用

在国际贸易中，商品检验证明的作用是：

（1）作为议付货款的一种单据。如果检验证明中所列的项目或检验结果和信用证中的规定不符，有关银行可以拒绝议付货款。

（2）作为证明交货的品质、数量、包装以及条件等是否符合合同规定的依据。

（3）如交货品质、数量、包装以及卫生条件与合同规定不符时，买卖双方可以凭此作为拒收、索赔或理赔的依据。

2. 商检证书种类

我国商品检验证书种类及适应范围：我国商品检验部门对进出口商品出具的检验证明，一律称为"检验证书"，各种证书常见的有：

（1）品质检验证书。证明进出口商品的品质、规格、等级、成分、性能等实际情况。

（2）重量检验证书。证明进出口商品的重量，如毛重、净重和皮重等。

（3）数量检验证书。证明进出口商品的数量。

（4）兽医检验证书。证明动物产品或食品检疫，例如，检验冻畜肉、冻禽、冻兔、皮张、毛类、绒类、猪鬃及肠衣等商品须使用此种证明书。

（5）卫生（健康）检验证书。证明供食用的动物产品、食品卫生检疫及人工检验，例如，肠衣、罐头食品、蛋品、乳制品、冻鱼、化妆品等商品，即可使用此种证明书。

（6）消毒检验证书。证明动物产品及食品经过消毒，例如，检验猪鬃、马尾、羽毛、山羊毛及羽绒制品等商品即使用此种证明书。

（7）产地检验证书。某些商品须证明其产地时使用该证书。

（8）残损鉴定证书。证明进口商品残损情况，供索赔时使用。

此外，还有证明其他检验、鉴定工作的"检验证书"，如验舱等证书。

如果国外商人要求提供其他名称的证明时，可建议对方采用上述种类的证书，不另出其他名称的证书。例如，国外商人提出要"分析证"，就可以用"品质检验证书"；商人提出"包装证"，可在"重量检验证书"内加注包装内容证明等。如果商人要求对一批商品分别出具品质证书、重量证书、卫生证书以及产地证书，为了简化手续，在取得对方同意后，可出具上述各项要求合并在一起的检验证书，但在特殊情况下，在同商检局协商同意后也可适当灵活掌握。

商品检验证并不是所有的结汇业务中的必备单据，是否需要，应根据国家的有关规定及客户的具体要求，有些不是必检商品，客户又没有要求，在结汇中可不提供。值得注意的是，商检证的提供种类必须与信用证相符，否则会因此延误出运和影响结汇。

（六）原产地证明

原产地证明（Certificate of Origin）是证明货物原产地和制造地的文件，也是进口国海关采取不同的国别政策和关税待遇的依据。产地证一般分为普通产地证、普惠制产地证和欧洲纺织品产地证。上述产地证虽然都用于证明货物产地，但使用范围和格式不一样。

1. 普通产地证

普通产地证又称原产地证。通常不使用海关发票或领事发票的国家，要求提供产地证明可确定对货物征税的税率。有的国家限制从某个国家或地区进口货物，要求以产地证来确定货物来源国。

此种产地证根据签发者的不同，分为：

（1）出口商自己出具的产地证；
（2）国家进出口商品检验局签发的产地证明书；
（3）中国国际贸易促进委员会（即中国商会）出具的产地证；
（4）厂商自己出具的产地证。

由谁出具普通产地证要根据信用证要求办理。对意大利出口，有时要求在产地证上除加盖贸促会印章外，还要增加手签。

2. 普惠制产地证

普惠制产地证（Generalized System of Preference Form A/Certificate of Origin）是普惠制的主要单据。凡是对给惠国出口一般货物，须提供这种产地证。由进出口公司填制，并以中国进出口商品检验局出具，作为进口国减免关税的依据。

3. 纺织品产地证

对欧洲经济共同体国家出口纺织品时，信用证一般都规定须提供特定的产地证，即纺织品产地证。此种产地证在我国是由出口地的经贸委（厅、局）签发的。

除以上几种产地证外，在对美国出口的纺织品交易中，一般使用原产地声明书。它有三种格式：单一国家产地声明书，简称格式 A；国产地声明书，简称格式 B；非多种纤维纺织物声明书，用于麻或丝面料的服装。

另外，与出口产地密切相关的，按进出口国家双边协定要求，对一些国家出口纺织品还须向进口商提供出口许可证。常见的有：

（1）对欧洲共同体国家的纺织品出口许可证；

（2）对美国的纺织品出口许可证/商业发票；

（3）对加拿大的纺织品出口许可证；

（4）对瑞典的纺织品出口许可证；

（5）对芬兰的纺织品出口许可证；

（6）手工制纺织品证书；

（7）装船证明。

（七）保险单

保险单（Insurance Policy）是保险公司对被保险人的承保证明，也是双方之间权利和义务的契约。保险单的作用是，在被保险货物遭受损失时，它是被保险人索赔的主要依据，也是保险公司理赔的主要依据。保险单的注意事项是：

（1）如信用证无其他规定，保险单的被保险人应是信用证上的受益人，并加空白背书，便于保单办理过户转让。

（2）保险险别和保险金额要与来证的规定相符。保险单上的运输标志、包装及数量、货名、船名、大约开航日期、装运港和目的港等项内容应与提单相一致。

（3）《跟单信用证统一惯例》第36条规定："除非信用证另有规定，或除非保险单据显示保险责任最迟于装船或发运或接受监管之日起生效，银行将拒收出单日期迟于运输单据表明的货物装船或发运或接受监管日期的保险单据。"据此，要求保险单签发日期早于提单日期。

由于交易的商品情况不同，投保的险别也不同。在目前世界各国的保险业务中，货物运输保险的种类，按运输方式的不同可分为：海洋运输货物保险、陆上运输货物保险、航空运输货物保险和邮包保险。

现将海洋运输货物保险险别简介如下：按中国人民保险公司海洋运输货物保险条款主要有三个基本险，即平安险（Free from Particular Average，FPA）、水渍险（With Particular Average，WPA）、一切险（All Risks）。

（4）保险单据的主要种类：

①保险单（Insurance Policy）。一般外贸企业所称的大保单就是保险单。它是保险人根据被保险人的要求，表示已接受承保责任而出具的一种独立文件。在保险单正面有双方约定保险标的物的有关内容。背面印有海洋运输货物保险条款，其中包括基本险的责任范围，还有除外责任、责任起讫、被保险人的义务和索赔期限等。它是一种正规的保险单据，是被保险人在货物发生损失时进行索赔的主要依据。

②保险凭证（Insurance Certificate）。俗称小保单。保险凭证是保险人为了简化手续，把保险单的条款做了简略，对背面条款并不做详细记载的一种文件。所以它是保险单的一种简化形式的凭证。保险单与保险凭证具有同等法律效力。

③联合保险凭证（Combined Insurance Certificate）。保险公司不另出保险单，利用商业发票在上面加盖章戳，注明保险编号、承保险制、金额、装载船名、开船日期等，即以此作为保险凭证。必须注意，这种联合保险凭证不是专用单据，不能转让，仅适用于我国港、澳地区中资银行开来的信用证项下业务。

（八）受益人证明

受益人证明/声明（Beneficiary's Declaration/Beneficiary's Certificate）由受益人出具而得名，内容通常是受益人声明或证明其已履行某种义务或办理某项工作，例如，已发装船通知、已寄单、已寄样等。受益人证明/声明没有固定格式，一般按信用证要求临时缮制。

（九）船公司证明

船公司证明的内容通常涉及船龄、船籍、航线、航运组织等。船公司证明必须由船公司出具并签署，内容根据信用证的具体规定。值得注意的是，我们应仔细分析信用证中需要船公司证明的具体内容，如有特殊要求则在出口订舱时就应向船公司提出。

第二节　缮制单据

一、制单的流程和方法

制作一套符合规范要求的商务单证，是单证从业人员应具备的基本技能。单证制作本身也是一个信息的输入和输出过程。在这个过程中，单证人员遵循一定的方法或者规范，完成录入、审核、打印等工作，制作出一套合格单据。

（一）制单依据

制作和审核出口单证的主要依据是买卖合同、信用证、有关商品的原始资料和国际惯例，报关报检单据还需要按照国内有关职能机构的规定，另外，贸易对方往来的函电的有关内容必要时也可以参照使用。

买卖合同有销售确认书、形式发票、客户订单等多种形式。无论采用何种形式，买卖合同都应表明双方主要交易条件或条款。

买卖合同是买家申请开立信用证的基础。在非信用证支付方式下，买卖合同是出口商制单的依据。

在信用证支付方式下，信用证取代买卖合同而成为主要的制单依据。如果信用证条款与合同不一致或相互矛盾，单证人员应联系经办业务员，或者以信用证条款为准（在此情况下，信用证已对合同条款进行变更），确保单证一致；或者以合同条款为准，要求买家修改信用证。

有关商品的原始资料，主要来自生产单位提供的交货单和装箱单（显示货物的具体数量、重量、规格和尺码等信息），以及根据海关的相关规定确定的商品编码和贸易方式表述等内容。在实务操作中，许多企业的业务销售员先会将上述内容编制成一份详细的出运货物明细单，提示单证操作人员注意事项。这时，这份明细单起到了制作单证主要依据的作用。

此外，国际贸易中有关的国际惯例，如国际商会 UCP600、国际标准银行实务（ISBP），以及第 522 号出版物《托收统一规则》等文件，也是正确处理一些单证问题的依据。

（二）制单步骤

1. 掌握各项制单资料并加以归纳整理

了解合同、工厂交货单、信用证等信息，及时掌握各项制单的基础资料，加以归纳整理，仔细核对，制单前还有很多计算工作需要完成，例如，商品的数量、重量、尺码以及总价，海关发票的 FOB 价，中间商的佣金等，某些商品根据行业习惯或客户还需要提供具体的细码描述，必须逐码核对和计算累积数量等。

2. 审核制单资料

如果已经有出运货物明细单的，必须对此单进行仔细审核，即从报关托运单证和结汇单证两个方面来检查出口货物明细表。

明细表中涉及报关托运单证的内容较多，应逐项检查，特别是贸易方式、货物名称、商品编码、价格术语、计量单位等内容应仔细审核确认。

在信用证方式下，应依据明细表提示的信用证编号，调出该正本信用证或完整的副本信用证，仔细核对信用证编号，防止信用证张冠李戴，也要避免信用证已执行完毕而被重复（无效）使用。

审核信用证条款。首先将信用证相关内容进行归类，找出涉及单据的信用证条款。将所需单据列一份清单，并在副本信用证上做适当的标注，形成一份信用证单据条款备忘录，以提高工作效率。

3. 单证信息录入

单证信息录入应体现单证操作的逻辑顺序。出口单证一般以商业发票、装箱单为基础单据，发票是中心单据，应先录入商业发票内容。然后按照发票内容分别录入装箱单、产地证、报关单、出口货物订舱委托书、海关发票、投保单等单证。

如果有需要时，再制作出口商证明、装船通知、船公司证明、汇票等，分别将单据交有关方面。商业发票、出口货物报关单和出口货物订舱委托书是出口货物报关托运过程中的核心单据，应给予足够的重视。

制单人员对各种单据的用途、单证中每一栏应该填制的事项以及哪些是必要事项，哪些是一般事项必须熟悉。例如，不同国家、地区的海关发票都有专门格式，不能错用；各种格式自上至下，从正面到背面，栏目繁多，都要按照规定填制，错填或漏填会直接影响进口商收取货物和办理进口清关。

制单完毕后，制单人员最好先自审一遍，发现差错，立即更正，比较方便，如果事后别人发现再行更改，可能已影响了其他单证，不仅仅是更正较难，而且可能已经造成损失。例如，打错托运单，延误原来规定的出运日，可能导致外商索赔。

4. 单据标识

对单据作业过程进行标识，是使单证作业过程处于受控状态并不断改进，为此，单证标识应体现过程的记录及可追溯的特点。

在单证作业中，可将整个单证作业过程设置若干个质量控制点，制定相应的作业流程和控制要求，比如制单、审单、托运、交单、结汇等，各质量控制点的相关责任人及其作业内容和作业时间等信息都应有明确记录。

二、单证制作的要求

单证必须正确、完整、及时、简明，具体要求如表7-1所示。

表7-1　单证制作要求

序号	制作要求	具体说明
1	正确	单证内容必须正确，并符合信用证要求，真实反映货物的实际情况，且各单证的内容不能相互矛盾
2	完整	单证内容、份数、种类必须完整
3	及时	制单应及时，以免错过交单日期或者信用证有效期

表7-1 续

序号	制作要求	具体说明
4	简明	按照信用证要求和国际惯例填写，力求简明，绝不能添加不必要的内容
5	整洁	单证版面清楚、干净，不能出现涂抹现象，尽量避免或少修改 单证格式应该设计合理，内容排列应主次分明，重点内容应醒目

（一）发票的制作

发票用途各不相同，跟单员在制作发票时应符合进口国的相关要求。

（1）商业发票：是在货物装出时卖方开立的载有货物名称、数量、价格等内容的价目清单，是买卖双方交接货物和结算货款的主要单证，也是进出口报关完税必不可少的单证之一。

商业发票是全套货运单据的关键，其他单据均参照商业发票的内容缮制，因而制作商业发票不仅要求正确无误，还应该排列规范、整洁美观。

（2）商业发票缮制的要点：商业发票根据信用证或合同条款要求由各出口公司自行制定，一般无统一格式，但栏目大致相同。发票在结构上分首文、本文、结尾三部分，具体内容如表7-2所示。

表7-2 商业发票内容

序号	条款	填写注意事项
1	出口商信息	商业发票的顶端必须有出口商名称、地址、传真和电话号码，其中出口商名称和地址应与信用证一致
2	发票名称	在出口商名称下应注明"发票"的字样和英文
3	发票抬头	发票抬头通常为国外进口商，在信用证方式下，除非另有规定，抬头为开证申请人
4	发票号码	发票号码由出口商自行按顺序编制
5	合同号码和信用证号码	合同号码和信用证号码应与信用证所列一致，如信用证无此要求，也应列明
6	开票日期	开票日期不应与运单日期相距太远，但必须在信用证交单期和有效期之内
7	装运地和目的地	装运地和目的地应与信用证所列一致，目的地应明确具体，若有重名应列明国别

表7-2 续

序号	条款	填写注意事项
8	运输唛头	来证有指定唛头的,按来证制作 如无规定,由托运人自行制定 以集装箱方式装运,可以集装箱号码和封条号码取代 运输单据和保险单上的唛头应与发票保持一致
9	货物描述	包括货物的品名、规格、等级、尺寸、颜色等,信用证方式下,品名规格应严格按照信用证的规定或描述填写,货物数量既应与实际装运相符,又应符合信用证的要求。此栏内容应严格与信用证的规定一致,不得随意减少内容,以防国外银行故意挑剔而拖延或拒付货款。若来证对货物的描述较合同简略,此时按信用证打印完毕后,再按合同要求列明货物具体内容,但应注意避免把过多的细节列入,以免发生差错。托收方式下可按买卖合同有关内容结合实际装运情况填制

(3) 商业发票样本如图7-1所示。

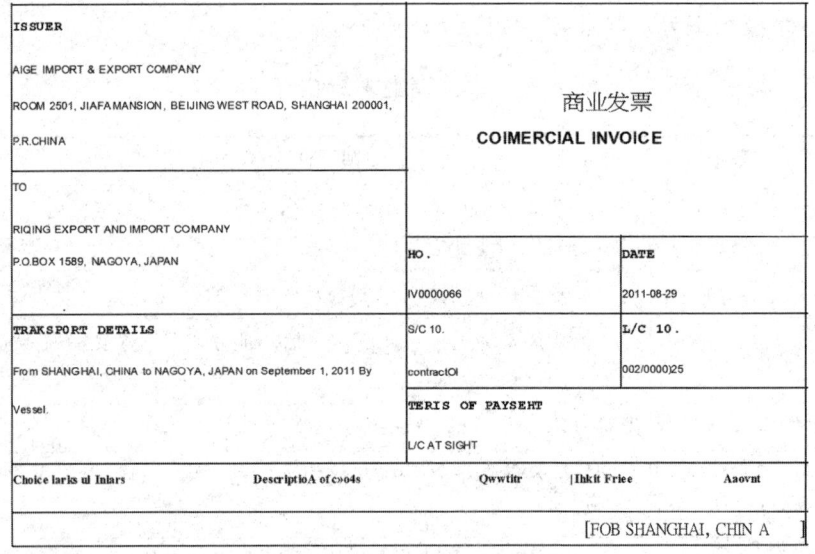

图7-1 商业发票样本

(二) 汇票制作

汇票是指出票人签发的,委托付款人见票即付或者在指定日期无条件支付确定金额给收款人或者持票人的票据。国际贸易中的结算一般为商业汇票,一式两份,其中一份付讫,另一份自动失效。汇票的填写要点如表7-3所示。

表 7-3　汇票填写的要点

条款	填写内容	填写要点
出票条款	信用证下汇票或托收汇票应填写出票条款	信用证下，填写开证行名称、信用证号码和开证日期；托收下，填写合同及合同号
汇票金额	和信用证金额或者发票金额一致	（1）若采用部分托收、部分信用证方式结算，则两张汇票金额按照规定填写，两者金额之和等于发票金额 （2）信用证下的汇票，若信用证没有规定，则应与发票金额一致 （3）如信用证规定汇票金额为发票的百分之几，则按规定填写
付款人名称	汇票的付款人应为进口人或者银行	（1）信用证方式下，以信用证开证行或者其指定行为付款人 （2）如信用证未加说明，则以开证行为付款人
收款人名称	汇票的收款人应是银行	（1）在信用证方式下，收款人通常为议付行 （2）托收方式下，收款人可以是托收行，但需做指示性抬头，托收方式下也可将出口方写成收款人，然后做托收背书给托收行

（三）海运提单

运输单据因贸易方式不同，有海运提单、海运单、航空运单、铁路单、货物承运收据及多式联运发票等。我国外贸运输方式以海运为主，海运提单由船公司签发的，跟单员做好协助和审核工作即可。图 7-2 所示为海运提单样本，是对提单内容的简要说明。海运提单内容及要求见表 7-4。

1. Shipper Insert Name, Address and Phone		B/L No.
2. Consignee Insert Name, Address and Phone		中远集装箱运输有限公司 COSCO CONTAINER LINES TLX: 33057 COSCO CN FAX: +86(021) 6545 8984 **ORIGINAL**
3. Notify Party Insert Name, Address and Phone		Port-to-Port or Combined Transport **BILL OF LADING** RECEIVED in external apparent good order and condition except as other- Wise noted. The total number of packages or unites stuffed in the container, The description of the goods and the weights shown in this Bill of Lading are Furnished by the Merchants, and which the carrier has no reasonable means Of checking and is not a part of this Bill of Lading contract. The carrier has Issued the number of Bills of Lading stated below, all of this tenor and date, One of the original Bills of Lading must be surrendered and endorsed or sig- Ned against the delivery of the shipment and whereupon any other original Bills of Lading shall be void. The Merchants agree to be bound by the terms And conditions of this Bill of Lading as if each had personally signed this Bill of Lading. SEE clause 4 on the back of this Bill of Lading (Terms continued on the back Hereof, please read carefully). *Applicable Only When Document Used as a Combined Transport Bill of Lading.
4. Combined Transport * Pre-carriage by	5. Combined Transport* Place of Receipt	
6. Ocean Vessel Voy. No.	7. Port of Loading	
8. Port of Discharge	9. Combined Transport * Place of Delivery	

Marks & Nos. Container/ Seal No.	No. of Containers or Packages	Description of Goods (If Dangerous Goods, See Clause 20)	Gross Weight Kgs	Measurement
		Description of Contents for Shipper's Use Only (Not part of This B/L Contract)		

10. Total Number of containers and/or packages (in words)

Subject to Clause 7 Limitation

11. Freight & Charges	Revenue Tons	Rate	Per	Prepaid	Collect
Declared Value Charge					

Ex. Rate:	Prepaid at	Payable at	Place and date of issue
	Total Prepaid	No. of Original B(s)/L	Signed for the Carrier, COSCO CONTAINER LINES

LADEN ON BOARD THE VESSEL

DATE BY

图 7-2 海运提单样本

第七章 制单结汇

表 7-4 海运提单内容及要求

序号	项目	内容及要求
1	托运人（Shipper）	即与承运人签订运输契约，委托运输的货主，即发货人。在信用证支付方式下，一般以受益人为托运人；托收方式以托收的委托人为托运人。另外，根据 UCP500 第 31 条规定：除非信用证另有规定，银行将接受表明以信用证受益人以外的第三者为发货人的运输单据
2	收货人（Consignee）	在实际业务中，L/C 项下提单多使用指示式。托收方式也普遍使用不记名指示式。若做成代收行指示式，事先要征得代收行同意。因为根据 URC522 中第 10 条 a 款规定：除非先征得银行同意，货物不应直接运交银行，也不应以银行或银行的指定人为收货人。如未经银行事先同意，货物直接运交银行，或以银行的指定人为收货人，然后由银行付款或承兑后将货物交给付款人时，该银行并无义务提取货物，货物的风险和责任由发货人承担
3	通知人（Notify Party）	原则上该栏一定要按信用证的规定填写。被通知人即收货人的代理人或提货人，货到目的港后承运人凭该栏提供的内容通知其办理提货，因此，提单的被通知人一定要有详细的名称和地址，供承运人或目的港及时通知其提货。若 L/C 中未规定明确地址，为保持单证一致，可在正本提单中不列明，但要在副本提单上写明被通知人的详细地址。托收方式下的被通知人一般填托收的付款人
4	提单号码（B/L NO.）	一般位于提单的右上角，是为便于工作联系和核查，承运人对发货人所发货物承运的编号。在其他单据中，如保险单、装运通知的内容往往也要求注明提单号
5	船名及航次	即由承运人配载的装货的船名，班轮运输多加注航次
6	装运港和卸货港	填实际装运货物的港名。L/C 项下一定要符合 L/C 的规定和要求。如果 L/C 规定为"中国港口"（Chinese Port）此时不能照抄，而要按装运的我国某一港口实际名称填写 卸货港（Port of Discharge）。原则上，L/C 项下提单卸货港一定要按 L/C 规定办理。但若 L/C 规定两个以上港口者，或笼统写"××主要港口"如"European Main Ports"（"欧洲主要港口"）时，只能选择其中之一或填明具体卸货港名称
7	唛头	如果信用证有明确规定，则按信用证缮打；信用证没有规定，则按买卖双方的约定，或由卖方决定缮制，并注意做到单单一致

表7-4 续1

序号	项目	内容及要求
8	包装件数和种类与货物描述	散装货物栏只填"In Bulk",大写件数栏可留空不填。单位件数与包装都要与实际货物相符,并在大写合计数内填写英文大写文字数目。如总件一般数为 320 CARTONS 填写在该栏项下,然后在总件数大写栏(Total Numbers of Packages in Words)填写:Three hundred and Twenty Cartons only。如果货物包括两种以上不同包装单位(如纸箱、铁桶),应分别填写不同包装单位的数量,然后再表示件数 商品名称(描述)(Description of Goods),原则上提单上的商品描述应按信用证规定填写并与发票等其他单据相一致。但若信用证上货物的品名较多,提单上允许使用类别总称来表示商品名称。如出口货物有餐刀、水果刀、餐叉、餐匙等,信用证上分别例明了各种商品名称、规格和数量,但包装都用纸箱,提单上就可以笼统写:餐具×××Cartons
9	毛重和尺码	除非信用证有特别规定,提单上一般只填货物的总毛重和总体积,而不表明净重和单位体积。一般重量均以千克表示,体积用立方米表示
10	运费和费用	信用证项下提单的运费支付情况,按其规定填写。一般根据成交的价格条件分为两种:若在 CIF 和 CFR 条件下,则注明"Freight Prepaid"或"Freight Paid";FOB 条件下则填"Freight Collect"或"Freight Payable at Destination"。若租船契约提单有时要求填:"Freight Payable as Per Charter Party",有时信用证还要求注明运费的金额,按实际运费支付额填写即可
11	正本提单份数	信用证支付方法下提单正本的签发份数一般都有明确规定,因此,一定要按信用证的规定出具要求的份数。例如,信用证规定:"Full set 3/3 original clean on board ocean bill of lading",这就表明提单签发的正本在提交给银行议付时必须是三份。若在提单条款上未规定份数,而是在其他地方指明:"available by beneficiary's draft at sight drawn on us and accompanied by the following documents in duplicate",表明信用证所要求提交的单据,当然包括提单,全都是一式两份。又如信用证规定:"Full set of clean on board bill of lading issued…"此种规定没有具体表明份数,而是指"全套",根据UCP500第23条a(4)款规定:包括一套单独一份的正本提单,或如果签发正本超过一份,则包括出立的全套正本。因此,对此类规定,就要看实际船方签发正本的份数而定

表7-4 续2

序号	项目	内容及要求
12	提单日期和签发地点	提单的签发地点一般在货物运港所在地，日期则按信用证的装运期要求，一般要早于或与装运期为同一天。有时由于船期不准，迟航或发货人造成迟延，使实际船期晚于规定的装期，发货人为了适应信用证规定，做到单证相符，要求船方同意以担保函换取较早或符合装运期的提单，这就是倒签提单（Ante-Dated B/L）；另外，有时货未装船或未开航，发货人为及早获得全套单据进行议付，要求船方签发已装船提单，即预借提单（Advanced B/L），这两种情况是应该避免的，如果发生问题，或被买方察觉，足以造成巨大经济损失和不良影响
13	签署	提单必须由承运人或其代理人签字才能生效。若信用证要求手签的也要照办。对于海运提单由哪些人签署才有效的问题，UCP500做了新的补充规定，即第23条a（1）款中规定，签署人可以是承运人或作为承运人的具名代理人或代表，或船长或作为船长的具名代理人或代表
14	其他	海运提单除上述正面的内容外，一般背面是托运人与承运人的运输条款（Terms and Conditions of Shipment Mutually Greed），理论上应是托运人与承运人双方约定的事项，但实际上是承运人单方面印定的，托运人很少有修改的机会。这也就是为什么说提单是双方运输契约的证明，而不能说是运输契约或合同的原因。由于各国航运公司提单的格式不同，其条款的规定内容也互不相同，内容较多，如托运人与承运人的定义、承运人责任条款、运费和其他费用条款、责任限额、共同海损等，其内容虽多但也大同小异，可以归类，一般首要条款中要规定所适用的国际公约（如海牙规则、维斯比规则和汉堡规则），以便在发生争议时作为依据

第三节 如何审核单据

一、审核单据的方法

受益人想无错、无漏、无缺地缮制和审核单据，必须有一套较科学的审单方法。单证审核的方法概括起来为纵横交错法，即先进行以信用证为依据的各项单据的审核，保证单证相符，然后进行以商业发票为中心的其他单据的审核，保证"单单相符"。在审核单据的时候，单据的顺序应该按照汇票、商业发票、包装单、原产地证明书、检疫检验证明、保险单和提单的顺序。

（一）纵向审核法

依据信用证规定的条款与各项单据所列内容进行对照，一字一句地予以审核，做到单据与信用证完全相符，也就是"单证相符"。这种审核方法称为"纵向审核法"。在审核过程中应该注意以下几点。

（1）信用证如有修改，首先查看受益人对于修改通知书是否书面表示拒绝或接受。如果无明确表示拒绝接受，然后再以修改条款来核对相关单据，若是单据与修改条款相符合，则表明受益人接受修改。

（2）将信用证从头到尾地阅读一遍，每涉及一种单据，立即与那一种单据核对，以达到单证一致。

（3）阅读信用证文句，并与单据核对，发现不符点立刻记录在审单记录表上。

（4）审完的单据翻转放置在桌面中间未审单前面，待全套单据审完，将已经翻转放置单据翻过来即可恢复原状。

（二）横向审核法

从单据中选择一份主要的单据，亦称大单据，例如：商业发票或汇票。以商业发票与其他单据想对照的予以审核，做到一份主单据与其他单据所列内容完全一样，而且完全相符，也就是"单单相符"，此种审核方法称为"横向审核法"，亦称为"一单对照多单审核法"，旨在做到单据有效。在进行横向审核时，应注意以下几点：

（1）以发票为中心，与其他单据逐个核对，先将被核对的单据全部阅读一遍，核对涉及发票的相同资料是否一致。

（2）将提单与保险单核对。

（3）横向审核的目的是要达到"单单相符"。

（4）经过横向审核和纵向审核没有发现不符点，或发现不符点已经改妥，即可确定单据全部相符。

二、主要结汇单据的审核要点

（一）汇票的审核要点

汇票作为支取信用证金额的凭证，附在汇票下面的是全套单据，故也称为跟单汇票，它不是单据，而单据却是汇票的附件。因此，银行需要审核汇票，就像审核其他单据一样，其必须符合信用证的规定。跟单托收及跟单信用证中的汇票除了要满足一般汇票的形式内容要求外，在审核时还要注意以下几点。

（1）信用证号码不符或未列出。

（2）汇票上的付款日期和出票日期与信用证的规定不符。汇票的出票日期不得迟于信用证的有效日期，也不得早于提单等其他单据的出单日期。汇票的付款日期应与信用证要求相一致。

（3）汇票上大、小写金额不一致。如果信用证金额前有"about"或"circa"字样，则汇票金额须超过信用证金额10%。

（4）汇票上的付款人名称、地址打错。

（5）汇票出票人的名称与信用证规定不一致，而且没有签章。出票人应是信用证中的受益人。在可转让信用证中，出票人可能不是原证受益人。汇票应由出票单位的有权签字人员签字，还需注明其职位。

（6）付款人不一致。付款人应与汇票上的要求相一致。

（7）收款人不一致。收款人也即汇票的抬头人。抬头人应与信用证中的要求相一致，一般为议付行，也可以做成出票人自己，然后背书给议付行，或以开证行为收款人。

（8）出票条款不一致。信用证如规定须有出票条款时，则汇票应加以记载。出票条款通常包括开证银行名称、信用证号码、开证日期以及一些特殊字样，如"irrevocable""without"等，出票条款中的这些信息均应和信用证保持一致。

（二）商业发票的审核要点

商业发票是全套单据的中心，其他单据如运输单据、保险单据、包装单据等都是在商业发票对应的货物基础上开立的。因此，在审核商业发票时应格外小心谨慎。

（1）商业发票不是由信用证中指定的受益人签发的。

（2）商业发票的抬头人不是信用证的开证申请人。除非信用证另有规定，发票应做成以开证申请人为抬头人。

（3）商业发票中受益人或申请人的名称或地址有误。

（4）品名规格与信用证的要求不符。

（5）商品数量和金额与信用证的要求不符。发票金额不论什么情况，都不应超过信用证金额。如来证金额去掉了尾数，发票没有；或来证金额扣除了百分之几的佣金或利息，而发票没有，都被认为单证不符。此外，如发票金额超过信用证规定金额的波动幅度，也被视为单证不符。

（6）商业发票上的单价与信用证的规定不符。

（7）商业发票漏打贸易术语。

（8）运输标志中的码号与货物件数不符。

（9）商业发票未按信用证的要求作声明、签证或证实等。

（10）所交的商业发票份数不足。发票份数应与信用证规定相符，如信用证未作规定，则至少需提供两份发票。

（11）在商业发票需要签署时，签署方式不符合信用证的要求。信用证要求签字时必须签字，不能以盖章代替。

（三）海运提单的审核要点

国际结算大都通过信用证或托收项下的运输单据的转移来实现。因此这些单据具体地反映了和货物有关的当事人，如发货人、承运人和收货人之间的权力、义务关系，因此对运输单据的审核就构成单据审核的重要部分。

（1）发货人、收货人和被通知人与信用证的要求不符。

（2）装运港和目的港与信用证的规定不符。

（3）是否可以转运与信用证的规定不符。除非信用证另有规定，否则即使信用证禁止转运，银行也将接受注明货物已被转运的提单，但同一转运中须包括运输全程及标有承运人有权转运的条款。

（4）提单上货物的描述与信用证的规定不一致。

（5）提单上该注明"已装船"字样而未注明。

（6）装船日期晚于信用证规定的最后装运日。

（7）未注明"运费已付""运费预付"或"运费到付"，与信用证的要求不一致。

（8）所交提单的份数不符合信用证的要求。提单必须是全套正本，如银行需要，则还须提交副本。

（9）提单的运输标志与其他单据或信用证不符。

（10）信用证规定应在提单上注明的内容没有标注。

（11）货物的重量、尺码与装箱单或其他单据不一致。

（12）未在信用证规定的交单期内交单，或未规定交单期但超过了提单签发日后21天交单。

（13）提单的抬头与背书。提单通常应做成指示式提单，因记名抬头不能转让，银行不能掌握物权，而来人抬头风险较大，因此，银行不愿接受。如是指示式抬头，则议付行应有背书。

（四）保险单的审核要点

买卖双方总把保险作为价格条件的一个因素，在合同中规定由谁来投保。保险的作用在于货物所有人支付一定的保险费，如遇被保货物受损，在合乎保险条款规定的范围内应从保险公司取得经济补偿。这对于确保开证行的利益也是至关重要的，所以仍然要严格审核保险单据。

（1）保险单据的种类必须与信用证规定相一致；如信用证规定大保单，则不能以小保单代替。此外，银行不应接受暂保单和预约保险单。

（2）保险单的受益人（即投保人）为信用证的受益人或按信用证的规定填写。

（3）保险单的唛头、件数、货物的名称等与其他单据或信用证的要求相一致。

（4）保险金额的加成须符合信用证的规定。保险金额应符合信用证要求，通常为发票金额的110%。此外，保险金额大小写要一致，币别和信用证上的要求一致。

（5）运输工具、起运地及目的地，必须与信用证及其他单据相一致。

（6）保险单的日期不能迟于运输单据的签发日期。除非信用证另有规定，或保险单据上写明保险责任最迟于货物装船或发运或接受监管之日起开始，银行不能接受出单日期比装船或发运或接受监管的提单日期晚的保险单据。

（7）保险单据的正副本份数应齐全，如保险单据注明出具一式多份正本，除非信用证另有规定，所有正本都必须提交。

（8）除信用证另有规定外，保险单一般应做成可转让的形式，以受益人为投保人，由受益人背书。

（9）保险单据上的币制应与信用证上的币制相一致。

（10）保险单据必须由保险公司或其代理出具等。

（五）原产地证明书的审核要点

原产地证明书是证明商品原产地的文件，简称产地证。对于产地证的审核要点可简单归纳为以下几点。

（1）产地证由信用证指定的机构签署。如果信用证规定由主管当局（Competent Authority）出具产地证明，应申请贸促会或国际商会等发出正式的产地证明书。当然，如果信用证没有规定，则由受益人出具的单据也是可以接受的。

（2）按照信用证的要求，确保其已被签字、公证人证实、合法化等。确保产地证上面的进口商名称、唛头、货名、件数等资料与信用证条款相符，并与发票和其他单据一致。

（3）确保产地证上载明的产地国家符合信用证的要求。如信用证规定产地国家产地证应予以注明；如信用证规定产地为中国某地（如上海），则产地证应填写"上海，中国"，而不应只写"中国"。

（4）除非信用证规定，否则应提供独立的产地证明，不要与其他单据联合使用，在信用证只要求商品的产地时，则可以在商业发票上加注："兹证明装运货物原产地是中国（We hereby certify that the goods shipped are of Chinese Origin）"，这就是产地证明与商业发票的联合格式。但是，当信用证要求提供产地证明书时，就不能在商业发票上加注证明货物产地的联合格式而要出具单独的产地证，并签字、加注日期和地点。

（5）产地证的签发日期不得迟于提单日期，但是可以迟于发票日期。

（六）综合审核

在审核单据的过程中，审核的是一系列单据，每一类单据都有需要注意的审核要点，综合各种类型单据审核时应注意的事项进行了总结，从单据整体审核上，应注意以下几点。

（1）信用证或合同所规定的各种单证是否齐全。

（2）各种单证所需的份数是否已交足。

（3）所提供的各种单证的名称和类型是否符合信用证或合同的要求。

（4）各种单证是否按规定完成了相关的手续。如背书、签章、认证等。

（5）各种单证之间相关的项目是否一致。如，单证之间的货物描述、数量、金额、重量、体积、运输标志等是否一致。

（6）信用证对单证的特殊要求是否已满足。

（7）单证出具或提交的日期是否符合要求等。

第四节
交单结汇及注意事项

一、单据的交付

出口商完成结汇单证的缮制与审核后，应选择适当的单据交付方式进行交单。单据的交付是出口商履行交货义务的具体行为，也是其获得出口价款的最后一道环节。单据的交付过程及控制直接反映了单证从业人员的实践与经验水平。出口结汇是单据交付的目的，同时也是出口商实现资金周转、获得贸易融资的主要渠道。

根据支付方式的不同，单证的交付方式也不同。按照单据向谁提交来分，有向银行交单和向进口商交单两大类。前者包括信用证和托收项下单据的交付，后者包括电汇、票汇等项下单据的交付。

（一）信用证下单据的交付

1. 正点单据的交付

正点单据的交付是指出口商审单后确认单证相符、单单相符，并通知银行按单证相符要求寄单索汇。正点交单的一般要求如下。

（1）单据齐备：一是信用证规定的单据全都齐备，二是每种单据的份数符合信用证要求。

（2）内容正确：单据表面内容与信用证的规定严格相符。单证相符，单单相符。

（3）提交及时：在信用证规定的交单期内交单。交单时间不应超过信用证有效期，也未迟于签发运输单据后21天。

2. 不符点单据的交付

单据的不符点（Discrepancy）信用证下出口商所提交的单据表面上有一处或多处不符合信用证条款和条件。单据存在不符点，开证行可解除付款义务，银行信用降为商业信用。

不符点单据的交付是指出口商在交单之前已发现单据存在不符点，仍然向银行交单。主要有以下三种方式处理。

（1）修改单证。如时间充裕，或货物尚未出运，应尽快修改单据。如果必须修改信用证，则应立即联系开证人改证。信用证未修改之前，受益人绝不能出运货物。

（2）表提结汇。当议付行向开证行交单收款时，在随附单据的表盖（Covering Schedule）上指出单据不符点，并注明"凭保议付"字样，这种做法又称作"表盖提出"（即在表盖上将不符点提出来），简称"表提"，也称"担保议付"。如果是非实质性的、一般性的单证不符，受益人估计对方接受不符点时，往往考虑采取"表提"方式。

（3）电提结汇。如果受益人交单金额较大，则议付行应先向开证行拍发电传、传真或邮件列明不符点，征求开证行确认同意接受单证不符的单据后，再将单据寄出。如不同意，则议付行即告知受益人，以便受益人采取相应措施，如将货物转卖或将货物中途卸下等。这种做法因采用传真或邮件等方式，故简称"电提"。对于实质性的单证不符，受益人往往采取"电提"方式。

（4）随证托收。在"单证不符"的情况下，如货物已经装运，而议付行又不愿采用"表提"或"电提"方法时，出口公司只能采用托收方式，委托银行寄单收款。由于与原来信用证有关,为了使进口商易于了解该项托收业务的由来,托收行仍以原信用证的开证行作为代收行请其代为收款,这种做法被称为"随证托收",以表示与"无证托收"的区别。在信用证业务中,一旦出现单证不符,无论采用"表提""电提"或"随证托收",事实上已将出口收汇由银行信用变成了商业信用。从这个意义上说,受益人已经失去了开证行的付款保证。在此情况下,即使有进口商的函电担保,也仅是商业信用而已。没有开证人的授权,银行会拒绝付款。

(二) 托收项下单据的交付

出口商以托收方式收取货款,单据要求应在外销合同中表明。一般情况下,托收项下单据至少应有发票、汇票、装箱单、提单或其他运输单据,必要时还须提供产地证、出口许可证等附属单据。业务人员出运货物时应提示单证人员所需单证。托收单据的审核应以外销合同为依据,以商业发票为中心单据。以电汇为例,电汇作为支付方式,既安全又快捷。电汇通常用于买方预付货款或支付订金。在电汇支付方式下,出口商不需向银行交单即可取得货款,故单据流转环节少、操作简便。交单时间取决于出口商收到货款的时间。交单方式由买卖双方商定。其交单程序主要体现在公司内部的单据流转和审核。

1. 公司内部的单据审核

货物出运后,运输单证部门收到承运人签发的全套正本提单,应对照出口货物托运委托书审核提单条款是否与出口商的要求相符。如果有不一致,应退改提单;如果审核无误,应检查提单是否需要背书。提单未作背书将视作无效单据,进口商无法提货。

2. 公司内部单据流转

单证人员保存全套单据,通知业务经办人凭有效的收款证明(结汇水单)签收提单及相关单据。同时填制《涉外收入申报表(对公单位)》,连同结汇水单副本交给货款汇入行办理外汇收入申报手续,作好交单记录、卷宗归档。

二、结汇的方式及其注意事项

结汇主要是指外汇收款人将外汇卖给银行,银行按照外币的汇率支付等值的人民币。凡未有规定或未经核准可以保留现汇的经常项目项下的外汇收入必须办理结汇;凡未规定或核准结汇的资本项目项下的外汇收入不得办理结汇。境内机构必须对其外汇收入区分经常项目与资本项目;银行按照外汇收入的不同性质按规定分别办理结汇或入帐手续。凡无法证明属于经常项目的外汇收入，均应按照资本项目外汇结汇的有关规定办理。其主要结汇方式有如下三种。

（一）出口押汇

出口地银行购买出口商的远期汇票及全套货运单据，在收到国外银行的外汇款之前，先将出口商汇票的全部或部分金额垫付给出口商；待收到国外银行的外汇款后，扣除押汇银行垫付的远期利息和手续费，将余款结汇给出口商。出口押汇相当于国际惯例中的银行议付，押汇银行享有追索权。

（二）受托结汇

受托结汇又称"先收后结"，指交单银行仅审核单据而后寄往开证行或付款行索取货款。待从国外收到外汇货款后，再结汇给出口商。当前，银行出口结汇仍以受托结汇方式为主。

（三）定期结汇

定期结汇是指我国银行根据向国外银行索汇所需的时间，预先确定一个固定的结汇期限，到期不管是否已收妥票款，主动将应收款项兑换成人民币记入受益人账户，目前已不采用。

在结汇的过程中，无论是出口商、进口商还是出口商银行都应该注意以下几个方面。

1. 了解进口商的资信状况

出口托收押汇的还款来源为进口商的付款，若货款不能收汇，出口商需要偿还银行的融资款。因此，作为货款付款人的进口商的资信十分重要。

2. 选择合适的交单方式

跟单托收的交单方式有付款交单（D/P）和承兑交单（D/A）两种。在D/P方式下，由于进口商必须在付款后才能取得运输单据提货，因而风险较小，比较容易取得托收银行的押汇。在D/A方式下，由于进口商只要承兑了汇票即可取得运输单据提货，因此风险很大，一般银行不愿接受。

3. 选择可靠的代收行

在跟单托收中，出口商能否及时收回货款和代收行的经营作风有密切关系。经营作风良好的代收行能够严格遵守国际惯例和托收指示办事，充分保护出口商的利益，因而收汇风险小。

第五节 课后练习题

一、单项选择题

1. 信用证中规定"Packing List in Five Copies",则受益人提交的装箱单的份数为(　　)。
   A. 一份正本、四份副本　　B. 五份副本
   C. 不需要提交正本　　D. 五份正本及五份副本

2. 审核信用证的依据是(　　)。
   A. 商业发票　　B. 开证申请书
   C. 一整套单据　　D. 合同及UCP600的规定

3. 在托收项上,单据的缮制通常以(　　)为依据。如有特殊要求,应参照相应的文件或资料。
   A. 信用证　　B. 发票
   C. 合同　　D. 提单

4. 在国际商务单据的分类中,商业单据通常是指(　　)。
   A. 商业发票、装箱单和GSP产地证明书等
   B. 商业汇票、重量单和保险单等
   C. 商业发票、装箱单和商业汇票等
   D. 商业发票、重量单和装箱单等

5. 信用证上如未明确付款人,则制作汇票时,受票人应为(　　)。
   A. 开证申请人　　B. 开证银行
   C. 议付银行　　D. 受益人

二、判断题

1. 如果合同和信用证中均未规定具体唛头,则填写发票时,"唛头"一栏可以空白不填。(　　)

2. 航空运单不是物权凭证,不能转让,但可以做成"指示抬头"。(　　)

3. 一般汇票有两张正本,根据票据法规定,两张汇票具有同等效力,都可以同时收取款项。(　　)

4. 按国际保险市场惯例，保险单与保险凭证具有同等法律效力。（　　）

5. 一张商业汇票上的收款人是："仅付给 ABC 有限公司"（Pay to ABC Co., Ltd. Only），这种汇票不能转让。（　　）

三、简答题

1. 海运提单的作用是什么？
2. 制单工作的基本要求是什么？
3. 汇票单据的审核要点有哪些？
4. 一般的结汇单据都包括哪些？
5. 结汇的方式主要有哪些？

第八章 外贸业务的法规与制度

【本章重点】

本章主要介绍外贸业务相关的法规与制度,包括《中华人民共和国合同法》《中华人民共和国货物进出口管理条例》、出口收汇核销管理条例、《出口货物退(免)税管理办法》、加工贸易货物管理制度、对外贸易经营管理制度、对外贸易救济措施和我国货物、技术进出口许可管理制度。外贸业务相关的法规与制度是外贸业务人员必备的知识,能够帮助外贸业务人员提升外贸法律素养,规范外贸业务操作能力。

【学习目标】

本章旨在让学习者了解并熟悉外贸业务相关的法规与制度,规范外贸业务相关操作流程。

通过本章学习,学习者能够掌握以下知识:
1. 外贸业务相关的法规与制度;
2. 外贸业务相关操作流程。

【基本概念】

货物进出口管理,出口收汇核销,出口货物退(免)税,加工贸易货物管理,对外贸易经营管理,对外贸易救济措施,货物、技术进出口许可管理

【建议学习时间】

本章学习需要三课时

第一节 《中华人民共和国合同法》

一、基本概念及基本原则

(一) 基本概念

《中华人民共和国合同法》由中华人民共和国第九届全国人民代表大会第二次会议于 1999 年 3 月 15 日通过,自 1999 年 10 月 1 日起施行。

《中华人民共和国合同法》立法目的是保护合同当事人的合法权益,维护社会经济秩序,促进社会主义现代化建设。

《中华人民共和国合同法》所称合同是平等主体的自然人、法人、其他组织之间设立、变更、终止民事权利义务关系的协议。婚姻、收养、监护等有关身份关系的协议,适用其他法律的规定。

依法成立的合同,受法律保护。

(二) 基本原则

(1) 平等原则:合同当事人的法律地位平等,一方不得将自己的意志强加给另一方。

(2) 自愿原则:当事人依法享有自愿订立合同的权利,任何单位和个人不得非法干预。

(3) 公平原则:当事人应当遵循公平原则确定各方的权利和义务。

(4) 诚实信用原则:当事人行使权利、履行义务应当遵循诚实信用原则。

(5) 遵纪守法原则:当事人订立、履行合同,应当遵守法律、行政法规,尊重社会公德,不得扰乱社会经济秩序,损害社会公共利益。

(6) 依合同履行义务原则:依法成立的合同,对当事人具有法律约束力。当事人应当按照约定履行自己的义务,不得擅自变更或者解除合同。

二、合同的形式、内容及订立方式

(一) 合同的形式包括书面形式、口头形式和其他形式

书面形式是指合同书、信件和数据电文(包括电报、电传、传真、电子数据交换和电子邮件)等可以有形地表现所载内容的形式。

法律、行政法规规定采用书面形式的,应当采用书面形式。

当事人约定采用书面形式的,应当采用书面形式。

(二)合同的内容

合同的内容由当事人约定,一般包括以下条款:

(1) 当事人的名称或者姓名和住所;

(2) 标的;

(3) 数量;

(4) 质量;

(5) 价款或者报酬;

(6) 履行期限、地点和方式;

(7) 违约责任;

(8) 解决争议的方法。

(三)订立的合同方式

当事人订立合同,采取要约、承诺方式。

(1) 要约是希望和他人订立合同的意思表示,该意思表示应当符合下列规定:

①内容具体确定;

②表明经受要约人承诺,要约人即受该意思表示约束。

(2) 承诺是受要约人同意要约的意思表示。

承诺应当以通知的方式做出,但根据交易习惯或者要约表明可以通过行为做出承诺的除外。

三、合同的效力及履行

依法成立的合同,自成立时生效。

法律、行政法规规定应当办理批准、登记等手续生效的,依照其规定。

当事人对合同的效力可以约定附条件。附生效条件的合同,自条件成就时生效。附解除条件的合同,自条件成就时失效。

当事人应当按照约定全面履行自己的义务。

当事人应当遵循诚实信用原则,根据合同的性质、目的和交易习惯履行通知、协助、保密等义务。

四、《中华人民共和国合同法》的适用范围

《中华人民共和国合同法》中明确规定的买卖合同,城市供用电、水、气、热力合同,赠予合同,借款合同,租赁合同,承揽合同,建设工程合同,运输合同,技术合同,保管合同,仓储合同,委托合同,行纪合同,居间合同等 15 种有名合同适用该法。除此之外,适用《中华人民共和国合同法》的

合同类型有以下几种：

（一）无名合同

《中华人民共和国合同法》和其他法律法规未做出明确规定的合同是无名合同，例如，借用合同、典当合同、邮电合同、演出合同、悬赏合同、培训合同、旅游合同等。这些无名合同同样适用《中华人民共和国合同法》的规定。

（二）《中华人民共和国合同法》之外的其他法律法规规定的合同

需要注意的是，如果其他法律法规对合同订立、生效等问题做出了详细的规定，应当优先适用其他法律法规的规定。在其他法律法规没有规定的情况下，适用《中华人民共和国合同法》。以《中华人民共和国物权法》的规定为例，《中华人民共和国物权法》规定了土地承包经营权合同、建设用地使用权出让合同、建设用地使用权转让合同、地役权设立合同、抵押权设立合同、质权设立合同、共有合同等多种类型的合同。这些合同的成立和生效仍然适用《中华人民共和国合同法》。

《中华人民共和国合同法》调整的是财产关系，人身关系不适用《中华人民共和国合同法》。根据《中华人民共和国合同法》第二条的规定，"婚姻、收养、监护等有关身份关系的协议，适用其他法律的规定。"但也有例外，如肖像权许可使用合同通常是有偿的财产性质的合同，可以适用《中华人民共和国合同法》的规定。如果是主要以人身关系为内容的权利义务关系，则不在《中华人民共和国合同法》的适用范围之内。

第二节 《中华人民共和国货物进出口管理条例》

一、基本概念及基本原则

《中华人民共和国货物进出口管理条例》于2001年10月31日国务院第46次常务会议通过，自2002年1月1日起施行。

本条例适用于从事将货物进口到中华人民共和国关境内或者将货物出口到中华人民共和国关境外的贸易活动。

国家准许货物的自由进出口，依法维护公平、有序的货物进出口贸易。

除法律、行政法规明确禁止或者限制进出口的外，任何单位和个人均不得对货物进出口设置、维持禁止或者限制措施。

国务院对外经济贸易主管部门（以下简称"国务院外经贸主管部门"）依照《中华人民共和国对外贸易法》（以下简称《对外贸易法》）和本条例的规定，主管全国货物进出口贸易工作。

二、货物进口管理

（一）禁止进口的货物

有《对外贸易法》第十七条规定情形之一的货物，禁止进口。其他法律、行政法规规定禁止进口的，依照其规定。

禁止进口的货物目录由国务院外经贸主管部门会同国务院有关部门制定、调整并公布。

属于禁止进口的货物，不得进口。

（二）限制进口的货物

有《对外贸易法》第十六条第（一）（四）（五）（六）（七）项规定情形之一的货物，限制进口。其他法律、行政法规规定限制进口的，依照其规定。

限制进口的货物目录由国务院外经贸主管部门会同国务院有关部门制定、调整并公布。

限制进口的货物目录，应当至少在实施前21天公布；在紧急情况下，应当不迟于实施之日公布。

国家规定有数量限制的限制进口货物，实行配额管理；其他限制进口货物，实行许可证管理。

（三）自由进口的货物

进口属于自由进口的货物，不受限制。

基于监测货物进口情况的需要，国务院外经贸主管部门和国务院有关经济管理部门可以按照国务院规定的职责划分，对部分属于自由进口的货物实行自动进口许可管理。

实行自动进口许可管理的货物目录，应当至少在实施前21天公布。

进口属于自动进口许可管理的货物，均应当给予许可。

进口属于自动进口许可管理的货物，进口经营者应当在办理海关报关手续前，向国务院外经贸主管部门或者国务院有关经济管理部门提交自动进口许可申请。

(四) 关税配额管理的货物

实行关税配额管理的进口货物目录,由国务院外经贸主管部门会同国务院有关经济管理部门制定、调整并公布。

属于关税配额内进口的货物,按照配额内税率缴纳关税;属于关税配额外进口的货物,按照配额外税率缴纳关税。

进口配额管理部门应当在每年9月15日至10月14日公布下一年度的关税配额总量。

配额申请人应当在每年10月15日至10月30日向进口配额管理部门提出关税配额的申请。

关税配额可以按照对所有申请统一办理的方式分配。按照对所有申请统一办理的方式分配关税配额的,进口配额管理部门应当在每年12月31日前作出是否发放配额的决定。

三、货物出口管理

(一) 禁止出口的货物

有《对外贸易法》第十七条规定情形之一的货物,禁止出口。其他法律、行政法规规定禁止出口的,依照其规定。

禁止出口的货物目录由国务院外经贸主管部门会同国务院有关部门制定、调整并公布。

属于禁止出口的货物,不得出口。

(二) 限制出口的货物

有《对外贸易法》第十六条第(一)(二)(三)(七)项规定情形之一的货物,限制出口。其他法律、行政法规规定限制出口的,依照其规定。

限制出口的货物目录由国务院外经贸主管部门会同国务院有关部门制定、调整并公布。

限制出口的货物目录,应当至少在实施前21天公布;在紧急情况下,应当不迟于实施之日公布。

国家规定有数量限制的限制出口货物,实行配额管理;其他限制出口货物,实行许可证管理。

四、国有贸易和指定经营

国家可以对部分货物的进出口实行国有贸易管理。实行国有贸易管理的进出口货物目录由国务院外经贸主管部门会同国务院有关经济管理部门制定、调整并公布。

国务院外经贸主管部门和国务院有关经济管理部门按照国务院规定的职责划分确定国有贸易企业名录并予以公布。

实行国有贸易管理的货物，国家允许非国有贸易企业从事部分数量的进出口。

国有贸易企业应当每半年向国务院外经贸主管部门提供实行国有贸易管理的货物的购买价格、销售价格等有关信息。

五、法律责任

下列违反《中华人民共和国货物进出口管理条例》规定的情形都要依法追究责任：

（1）进口或者出口属于禁止进出口的货物；

（2）未经批准、许可擅自进口或者出口属于限制进出口的货物的；

（3）擅自超出批准、许可的范围进口或者出口属于限制进出口的货物的；

（4）伪造、变造或者买卖货物进出口配额证明、批准文件、许可证或者自动进口许可证明的；

（5）进出口经营者以欺骗或者其他不正当手段获取货物进出口配额、批准文件、许可证或者自动进口许可证明的；

（6）擅自从事实行国有贸易管理或者指定经营管理的货物进出口贸易，扰乱市场秩序；

（7）货物进出口管理工作人员在履行货物进出口管理职责中，滥用职权、玩忽职守或者利用职务上的便利收受、索取他人财物的。

第三节
出口收汇核销管理条例

出口收汇核销，是指国家外汇管理部门在每笔出口业务结束后，对出口是否安全、及时收取外汇以及其他有关业务情况进行监督管理的业务。

2003年8月5日，国家外汇管理局发布了《出口收汇核销管理办法》（以下简称《办法》）。为确保贯彻执行《办法》的有关规定，规范各级外汇管理局和外汇指定银行办理出口收汇核销业务的操作，方便出口单位办理出口收汇核销手续，国家外汇管理局制定了《出口收汇核销管理办法实施细则》（以下简称《细则》）和《出口收汇核销管理操作规程》（以下简称《规程》)。《细则》和《规程》自 2003 年 10 月 1 日起执行。

国家外汇管理局及其分支局是出口收汇核销的管理机关。

出口收汇核销实行属地管理原则,即出口单位应当在其注册所在地外汇部门备案登记、申领出口收汇核销单和办理出口收汇核销手续。

国家外汇管理局根据出口单位的出口收汇核销年度考核情况、国际收支申报率、出口贸易方式、收汇方式以及遵守国家外汇管理政策等情况,并结合相关部门对出口单位的管理意见,对出口单位实行分类管理,分别采取自动核销、批次核销和逐笔核销的管理方式。

2011 年 9 月,国家外汇管理局、国家税务总局、海关总署联合出台《关于货物贸易外汇管理制度改革试点的公告》(国家外汇管理局公告 2011 年第 2 号),规定从 2011 年 12 月 1 日起,改革我国货物贸易外汇管理制度,取消出口收汇核销手续,并在江苏、山东、湖北、浙江(不含宁波)、福建(不含厦门)、大连、青岛进行试点,其试点地区企业申报退税不再提供纸质出口收汇核销单。

随后,国家税务总局又出台《关于货物贸易外汇管理制度改革试点后有关出口退税问题的通知》,明确了取消出口收汇核销单后的政策规定。至此,取消出口收汇核销单打破了办理出口退(免)税的传统模式,标志着我国出口货物无纸化退(免)税模式已初步形成。

第四节
《出口货物退(免)税管理办法》

为规范出口货物退(免)税管理,国家税务总局制定了《出口货物退(免)税管理办法》,自 2005 年 5 月 1 日起施行。

出口货物退(免)税是指在国际贸易中,对报关出口的货物退还在国内各生产环节和流转环节按税法规定已缴纳的增值税和消费税,或免征应缴纳的增值税和消费税。

出口货物退(免)税的基本要素包括出口货物退(免)税的企业范围、货物范围、税种、退税率、计税依据、期限、地点、预算级次等。

一、出口货物退(免)税的企业范围

在我国现行享受出口货物退(免)税的企业:一是经国家商务主管部门及其授权单位备案登记后赋予出口经营资格的外贸企业;二是经国家商务主

管部门及其授权单位备案登记后赋予出口经营资格的自营生产型企业和生产型集团；三是外商投资企业；四是委托外贸企业代理出口的企业，包括委托外贸企业代理出口的有进口权的外贸企业和委托外贸企业代理出口的无进口经营权的内资生产企业；五是特准退（免）税企业。

二、出口退（免）税的货物范围

在我国享受出口退（免）税的货物以海关报关出口的增值税、消费税应税货物为主要对象，对一些非海关报关出口的特定货物也实行退（免）税。

（一）一般退（免）税货物范围

对出口的凡属于已征或应征增值税、消费税的货物，除国家明确规定不予退（免）税的货物和出口企业从小规模纳税人购进并持普通发票的部分货物外，都属于出口货物退（免）税的货物范围。享受一般退（免）税的出口货物应具备以下四个条件：一是必须是增值税、消费税征税范围的货物；二是必须是报关离境的货物；三是必须是财务上做销售处理的货物；四是必须是出口收汇并已核销的货物。此外，若为生产企业出口或代理出口，享受退（免）税政策的货物还必须是自产货物或视同自产货物的外购货物。

（二）特准退（免）税货物范围

特准退（免）税货物是指虽然不具备一般退（免）税货物的四个条件，但由于其销售环节、消费环节、结算办法等特殊性，国家特准退还或免征增值税、消费税的货物。目前主要有对外承包工程公司运出境外用于对外承包项目的货物；对外承接修理修配业务的企业用于对外修理修配的货物；外轮供应公司、远洋运输供应公司销售给外轮、远洋国轮而收取外汇的货物；利用国际金融组织或外国政府贷款采取国际招标方式由国内企业中标销售的机电产品；企业在国内采购并运往境外作为在国外投资的货物；对境外带料加工装配业务使用的出境设备、原材料和散件；外国驻华使（领）馆及其人员在华购买的物品和劳务；保税区内企业从区外有进出口经营权的企业购进的货物，保税区内企业将这部分货物出口或加工后再出口的货物；保税区外的出口企业委托保税区内仓储企业仓储并代理报关离境的货物；销往出口加工区的货物；出口的旧设备等。

（三）出口免税货物的范围

出口免税货物是指按《中华人民共和国税法》规定实行免税不退税办法的出口货物。主要有来料加工复出口货物、小规模纳税人出口货物、避孕套药品和用具、古旧图书、花生果仁、油画、雕饰板、邮票、印花税票等。

出口享受免征增值税的货物，其耗用的原材料、零部件等支付的进项税额，包括准予抵扣的运输费用所含的进项税额，不能从内销货物的销项税额中抵扣，应计入产品成本处理。

（四）不予退（免）税的货物范围

不予退（免）税的货物是指税法列明的不能享受出口退（免）税政策的出口货物。目前主要有原油、木材、纸浆、山羊绒、鳗鱼苗、稀土金属矿、磷矿石、天然石墨等货物。

第五节 加工贸易货物管理制度

一、基本概念

加工贸易是指经营企业进口全部或者部分原辅材料、零部件、元器件、包装物料（以下统称料件），经过加工或者装配后，将制成品复出口的经营活动，包括来料加工和进料加工。

《中华人民共和国海关加工贸易货物监管办法》已于2014年2月13日经海关总署署务会议审议通过，2014年3月12日海关总署令第219号公布。本办法适用于办理加工贸易货物手册设立、进出口报关、加工、监管、核销手续。

加工贸易经营企业、加工企业、承揽者应当按照本办法规定接受海关监管。

二、加工贸易货物进出口、加工

经营企业进口加工贸易货物，可以从境外或者海关特殊监管区域、保税监管场所进口，也可以通过深加工结转方式转入。

经营企业出口加工贸易货物，可以向境外或者海关特殊监管区域、保税监管场所出口，也可以通过深加工结转方式转出。

经营企业应当凭加工贸易手册、加工贸易进出口货物专用报关单等有关单证办理加工贸易货物进出口报关手续。

经营企业以加工贸易方式进出口的货物，列入海关统计。

三、加工贸易货物核销

经营企业应当在规定的期限内将进口料件加工复出口，并且自加工贸易手册项下最后一批成品出口或者加工贸易手册到期之日起 30 日内向海关报核。

经营企业对外签订的合同提前终止的，应当自合同终止之日起 30 日内向海关报核。

经营企业报核时应当向海关如实申报进口料件、出口成品、边角料、剩余料件、残次品、副产品以及单耗等情况，并且按照规定提交相关单证。

经营企业按照本条第一款规定向海关报核，单证齐全、有效的，海关应当受理报核。

海关核销可以采取纸质单证核销、电子数据核销的方式，必要时可以下厂核查，企业应当予以配合。

海关应当自受理报核之日起 30 日内予以核销。特殊情况需要延长的，经直属海关关长或者其授权的隶属海关关长批准可以延长 30 日。

加工贸易保税进口料件或者成品因故转为内销的，海关凭主管部门准予内销的有效批准文件，对保税进口料件依法征收税款并且加征缓税利息，另有规定的除外。

第六节 对外贸易经营者管理制度

一、基本概念

对外贸易经营者管理制度是我国对外贸易管理制度之一，对外贸易经营者管理制度是我国为了鼓励对外经济贸易的发展，发挥各方面的积极性，保障对外贸易经营者的对外自主权，由商务部和相关部门制定的一系列法律、行政法规、部门规章的总和。对外贸易经营者管理制度对对外贸易经营活动中涉及的相应内容做出了规范，对外贸易经营者在进出口经营活动中必须遵守。

二、对外贸易经营者资格管理

对外贸易经营者，是指依法办理工商登记或者其他执业手续，依照《对外贸易法》和其他有关法律、行政法规、部门规章的规定从事对外贸易经营活动的法人、其他组织或者个人。我国对对外贸易经营者的管理，实行备案登记制。法人、其他组织或者个人在从事对外贸易经营前，必须按照国家的有关规定，依法定程序在商务部备案登记，取得对外贸易经营的资格，在国家允许的范围内从事对外贸易经营活动。对外贸易经营者未按规定办理备案登记的，海关不予办理进出口货物的通关验放手续，对外贸易经营者可以接受他人的委托，在经营范围内代为办理对外贸易业务。

对外贸易经营者备案登记工作实行全国联网和属地化管理，对外贸易经营者在本地区备案登记机关办理备案登记。

三、国有贸易管理

国家可以对部分货物的进出口实行国有贸易管理，国有贸易的商品一般为关系国计民生的重要进出口商品。实行国有贸易管理的进出口货物目录由国务院外经贸主管部门会同国务院有关经济管理部门制定、调整并公布。国务院外经贸主管部门和国务院有关经济管理部门按照国务院规定的职责划分确定国有贸易企业名录并予以公布。实行国有贸易管理的货物，国家允许非国有贸易企业从事部分数量的进出口。

国有贸易企业应当每半年向国务院外经贸主管部门提供实行国有贸易管理的货物的购买价格、销售价格等有关信息。国有贸易企业应当根据正常的商业条件从事经营活动，不得以非商业因素选择供应商或拒绝其他企业。对未批准擅自进出口实行国有贸易管理的货物的，海关不予放行。

第七节 对外贸易救济措施

一、基本概念

对外贸易救济就是指对在对外贸易领域或在对外贸易过程中，国内产业由于受到不公平进口行为或过量进口的冲击，造成了不同程度的损害，各国政府给予他们的帮助或救助。

反倾销、反补贴和保障措施是贸易救济的主要方式。世界贸易组织允许成员方在进口产品倾销、补贴和过激增长等给其国内产业造成损害的情况下，可以采用反倾销、反补贴和保障措施手段以保护国内产业不受损害。

反补贴、反倾销和保障措施都属于贸易救济措施。反补贴和反倾销措施针对的是价格歧视这种不公平贸易行为，保障措施针对的是进口产品激增的情况。

为充分利用 WTO 规则，维护国内市场国内外商品的自由贸易和公平竞争秩序，我国依据 WTO 有关《反倾销协议》《补贴与反补贴措施协议》《保障措施协议》以及我国《对外贸易法》的有关规定，制定颁布了《中华人民共和国反补贴条例》《中华人民共和国反倾销条例》以及针对保障措施的有关规定。

二、贸易救济主要方式

（一）反倾销措施

倾销一般是指一国出口商以低于产品正常价值的价格，将产品出口到另一国市场的行为。出口国为了占有进口国市场，用价格手段扰乱进口国市场，打击进口国竞争对手，使进口国的相关产业因不堪低价竞争而纷纷关闭，造成进口国一系列的问题，如国内产品市场份额的减少、工业萎缩、就业机会减少等，同时还会严重影响国家经济发展和国家财政。因此，各国往往通过国内立法手段进行反击。

我国依据 WTO 关于《反倾销协议》以及《中华人民共和国反倾销条例》实施反倾销措施。反倾销措施包括临时反倾销措施和最终反倾销措施。

1. 临时反倾销措施

临时反倾销措施是指进口方主管机构经过调查，初步认定被指控产品存在倾销，并对国内同类产业造成损害，据此可以依据 WTO 所规定的程序进行调查，在全部调查结束之前，采取临时性的反倾销措施，以防止在调查期间国内产业继续受到损害。

临时反倾销措施有两种形式：一是征收临时反倾销税；二是要求提供现金保证金、保函或者其他形式的担保。

征收临时反倾销税，由国务院外经贸主管部门提出建议，国务院关税税则委员会根据其建议做出决定，由国务院外经贸主管部门予以公告。要求提供现金保证金、保函或者其他形式的担保，由国务院外经贸主管部门做出决定并予以公告。海关自公告规定实施之日起执行。

临时反倾销措施实施的期限，自临时反倾销措施公告规定实施之日起，不超过四个月；在特殊情形下，可延长至九个月。

2. 最终反倾销措施

对终裁确定倾销成立并对进口国产业产生巨大损害的，可以在正常海关税费之外征收反倾销税。征收反倾销税，须经外经贸主管部门提出建议，国务院关税税则委员会根据其建议做出决定，由国务院经贸主管部门予以公告。海关自公告规定实施之日起执行。

反倾销税的征收自决定征收之日起不超过五年。

（二）反补贴措施

补贴是指由政府或公共机构对企业提供财政资助或任何形式的收入或价格支持，使本国产业或企业得到利益的措施。补贴作为公共经济政策的重要组成部分，为各国广泛采用。但补贴措施如使用不当也会导致不公平竞争，对进口方或第三方的相关产业或其他合法利益造成损害。

反补贴与反倾销的措施相同，也分为临时反补贴措施和最终反补贴措施。

1. 临时反补贴措施

进口方主管机构应国内相关产业的申请，对受补贴的进口产品进行反补贴调查。初裁确定补贴成立，并由此对国内产业造成损害的，可以采取临时反补贴措施。临时反补贴措施采取以现金保证金或者保函作为担保的征收临时反补贴税的形式。

采取临时反补贴措施，由国务院外经贸主管部门提出建议，国务院关税税则委员会根据其建议做出决定，由国务院外经贸主管部门予以公告。海关自公告规定之日起执行。临时反补贴措施实施的期限，自临时反补贴措施决定公告规定实施之日起不超过四个月。

2. 最终反补贴措施

最终反补贴措施实行征收反补贴税，由商务部提出建议，国务院关税税则委员会决定，商务部公布，海关自公布之日起执行。

（三）保障措施

保障措施分临时和最终保障措施。临时保障措施采取提高关税的形式，事后证明未对国内产业造成损害的，已征收的临时关税应当予以退还。临时保障期限为200天，计入保障措施总期限。最终保障措施采取提高关税、数量限制、关税配额等的形式，期限一般为四年，特殊情况不得超过十年。

按照有关法律、行政法规的规定对进口货物采取反倾销、反补贴、保障措施的，其税率的适用按照《中华人民共和国反倾销条例》《中华人民共和国反补贴条例》和《中华人民共和国保障措施条例》的有关规定执行。

第八节 我国货物、技术进出口许可管理制度

一、基本概念

许可制度是非关税措施，管理范围：禁止进出口技术和货物、限制进出口技术和货物、自由进出口技术及实行自动许可管理的货物，其中货物、技术进出口许可（管理制度）是我国进出口许可管理制度的主体。

二、进出口货物许可管理类型

（一）根据管制对象的不同

包括一般货物进出口管制、机电产品进出口管制、重要工业品进出口管制。

（二）根据管制程度的不同

分为禁止进出口的货物和技术、限制进出口的货物和技术、自由进出口的货物和技术。

（三）根据管制手段的不同

分为配额管理和许可证管理两种。

第九节 课后练习题

一、单项选择题

1. 下列哪一项不符合《中华人民共和国合同法》的基本原则？（　　）
   A. 平等原则　　　　　B. 自由公正原则
   C. 公平原则　　　　　D. 诚实信用原则

2. 《中华人民共和国合同法》不适用于以下哪一项？（　　）
   A. 城市供用电、水、气、热力合同
   B. 赠予合同

C. 建设工程合同

D. 婚姻、收养、监护等有关身份关系的协议

3. 下列哪一项符合《中华人民共和国货物进出口管理条例》规定？（ ）

A. 进口或者出口不属于禁止进出口的货物

B. 未经批准、许可擅自进口或者出口属于限制进出口的货物的

C. 擅自超出批准、许可的范围进口或者出口属于限制进出口的货物的

D. 买卖货物进出口配额证明、批准文件、许可证或者自动进口许可证明

4. 《中华人民共和国海关加工贸易货物监管办法》不适用于哪一项？（ ）

A. 办理加工贸易货物手册设立

B. 进出口报关

C. 加工、监管、核销

D. 经营企业对外签订的合同终止之日起30日后向海关报核

5. 贸易救济的主要方式不包括下列哪一项？（ ）

A. 反倾销　　　　　B. 反补贴

C. 补贴　　　　　　D. 保障措施

二、判断题

1. 《中华人民共和国合同法》已由中华人民共和国第九届全国人民代表大会第二次会议于1999年3月15日通过，自1999年10月1日起施行。（ ）

2. 经营企业以加工贸易方式进出口的货物，列入海关统计。（ ）

3. 出口单位取得出口经营权后，应当办理"中国电子口岸"入网认证手续，并到外事局办理备案登记，外事局为出口单位建立出口收汇核销档案。（ ）

4. 对出口的凡属于已征或应征增值税、消费税的货物，除国家明确规定不予退（免）税的货物和出口企业从小规模纳税人购进并持普通发票的部分货物外，都属于出口货物退（免）税的货物范围。（ ）

5. 贸易救济中保障措施针对的是出口产品激增的情况。（ ）

三、简答题

1. 简单介绍对外贸易救济。

2. 简单介绍临时反倾销措施。

3. 合同的内容一般包括哪些条款？
4. 欲得到进口配额管理部门分配的配额，应当考虑哪些因素？
5. 我国货物、技术进出口许可管理制度的管理范围包括哪些？

 # 第九章　商品的质量标准体系及其组织

【本章重点】

本章主要介绍商品的质量标准体系及相关组织，包括国际标准组织及其质量标准、国际行业组织标准、国家（地区）的标准组织及其质量标准、我国的质量标准体系及组织、SA8000社会责任认证体系简介。学习商品的质量标准体系及其组织可以使外贸学习者了解并熟悉国内及国际商品的质量标准管理体系，储备必备的外贸业务商品质量标准相关知识。

【学习目标】

本章旨在让学习者了解国内及国际商品的质量标准管理体系及其相关组织，熟悉不同商品的质量标准体系及其不同组织的相关标准，从而掌握外贸业务商品质量标准相关知识，提升外贸业务能力。

通过本章学习，学习者能够掌握以下知识：

1. 了解国内及国际商品的质量标准管理体系及其相关组织；
2. 熟悉不同商品的质量标准体系及其不同组织的相关标准。

【基本概念】

国际标准组织、质量标准、国际行业组织标准、SA8000社会责任认证体系

【建议学习时间】

本章学习需要两课时

第九章 商品的质量标准体系及其组织

第一节 国际标准化组织及其质量标准

一、国际标准化组织

国际标准化组织（International Organization for Standardization，ISO），是目前世界上最大、最有权威性的国际标准化专门机构。

ISO 的目的和宗旨是"在全世界范围内促进标准化工作的发展，以便于国际物资交流和服务，并扩大在知识、科学、技术和经济方面的合作"。其主要活动是制定国际标准，协调世界范围内的标准化工作，组织各成员国和技术委员会进行情报交流，以及与其他国际组织进行合作，共同研究标准化问题。

ISO 成立于1947年，前身为国家标准化协会国际联合会（ISA）和联合国标准协调委员会（UNSCC），是世界最大的非政府性标准化专门机构。由全体大会、理事会、技术委员会和技术处组成，总部设在瑞士的日内瓦。制订的标准用英文和法文出版，每五年复审一次，标准的平均龄期4.92年。

ISO 标准编号的一般形式为：标准代号+标准序号+年份。

标准代号有时会出现如下的表示方法。

ISO/TR：表示技术报告类型的标准。

ISO/R：表示1972年以前的推荐标准。

ISO 质量体系标准包括 ISO9000、ISO10000 及 ISO14000 三种系列。ISO9000 标准明确了质量管理和质量保证体系，适用于生产型及服务型企业。ISO10000 标准为从事和审核质量管理和质量保证体系提供了指导方针。ISO14000 标准明确了环境质量管理体系。

ISO9000 质量体系标准包括了三个体系标准和八条指导方针。三个体系标准分别是 ISO9001、ISO9002 和 ISO9003；八个指导方针是 ISO9000-1~4 和 ISO9004-1~4。其中首要标准是 ISO9001，它为设计、制造产品及提供服务的组织，明确指出了一套完整质量体系中的 20 条要素。ISO9002 为只制造产品但不设计产品及提供服务的组织明确指出了 19 条要素。ISO9003 为只进行检验的组织明确指出了 16 条要素。

二、国际电工委员会

国际电工委员会（International Electrotechnical Commission，IEC），成立于

1906 年，负责有关电气工程和电子工程领域中的国际标准化工作，总部设在瑞士日内瓦。

IEC 的宗旨是，促进电气、电子工程领域中标准化及有关问题的国际合作，增进国际间的相互了解。目前，IEC 的工作领域已由单纯研究电气设备、电机的名词术语和功率等问题扩展到电子、电力、微电子及其应用、通信、视听、机器人、信息技术、新型医疗器械和核仪表等电工技术的各个方面。IEC 标准已涉及了世界市场中 35% 的产品。

IEC 成立于 1906 年，到 1947 年 ISO 成立，IEC 作为一个电工部门并入 ISO，但仍保持 IEC 的名称和工作程序。1976 年，ISO 与 IEC 再次达成新协议，规定 ISO 和 IEC 都是法律上独立的团体，是互为补充的国际标准化组织。IEC 负责电气工程和电子工程领域的标准化工作，其他领域则由 ISO 负责，两组织保持密切协作。其机构由理事会、执行委员会、中央办公室、咨询委员会和技术委员会及其分会组成，总部设在瑞士的日内瓦。制订的标准用英文发表。

一般的编排顺序为：标准代号+标准序号+年份。

关于标准序号的说明：老的序号为二位数至四位数。从 1998 年开始 IEC 和 ISO 达成协议，标准序号 5 999 以内由 ISO 标准采用，标准序号 60 000 以上由 IEC 标准采用。因此，老的 IEC 标准序号都做了改动。如老号 IEC34 变为 IEC60034；老号 IEC115 改为 IEC60115 等，依次类推。IEC 标准的分类与 ISO 相同。

有一系列的标准和详细的指南。

以 IEC61340（静电标准）为例，它由下列部分组成，其总标题为静电。

IEC61340-1：总论；

IEC61340-2-1：静电测试方法——充电率；

IEC61340-2-2：静电测试方法——电阻和电阻率；

IEC61340-3-1：模拟静电效果方法——静电放电模拟——人体模型（HBM）；

IEC61340-3-2：模拟静电效果方法——静电放电模拟——机器模型（MM）；

IEC61340-3-3：模拟静电效果方法——静电放电模拟——带电器件模型（CDM）；

IEC61340-4-1：特定应用的标准测试方法——地面覆盖物和安装地板的静电性能；

IEC61340-4-4：软性中间散装货物集装箱（FIBC）的静电防护测试

方法；

IEC61340-4-3：特定应用的标准测试方法——静电防护鞋特性的测试方法；

IEC61340-5-1：电子器件的静电防护——基本要求；

IEC61340-5-2：电子器件的静电防护——用户指南。

IEC 标准不仅仅只有静电标准 IEC61340，还有其他许多标准，比如变电站自动化标准 IEC61850、能量管理系统应用程序接口（EMSAPI）标准 IEC61970、配电管理系统标准 IEC61968 等。

三、国际电信联盟

国际电信联盟（International Telecommunication Union，ITU），成立于 1865 年 5 月 17 日，是由法国、德国、俄罗斯等 20 个国家在巴黎会议上为了顺利实现国际电报通信而成立的国际组织。

ITU 的实质性工作由三大部门承担：国际电信联盟标准化部门、国际电信联盟无线电通信部门和国际电信联盟电信发展部门。其中电信标准化部门由原来的国际电报电话咨询委员会（CCIR）和标准化工作部门合并而成，主要职责是完成国际电信联盟有关电信标准化的目标，使全世界的电信标准化。ITU 目前已制定了 2 000 多项国际标准。

第二节 国际行业组织标准

国际公认的行业组织标准有：美国材料与实验协会标准 ASTM、美国石油学会标准 API、美国保险商实验所安全标准 UL、美国电气制造商协会标准 NEMA、美国电影电视工程师协会标准 SMPTE、美国机械工程师协会标准 ASME、英国劳氏船级社船舶入级规范和规则 LR 等。

一、美国材料与试验协会

美国材料与试验协会（American Society for Testing and Materials，ASTM）是美国最老、最大的非营利性的标准学术团体之一。ASTM 标准制定由相应的技术委员会负责，目前共有 141 个技术委员会、2 000 多个分委会，拥有来自 140 个国家及地区的 35 000 多会员。ASTM 标准制定一直采用自愿达成一致意见的制度，每五年修订一次。

ASTM 标准以每年出版一套 ASTM 标准全集的方式确认其有效性，目前已出版发布了 12 583 项在用标准，每年出版的 ASTM 标准全集分 15 类 (Section) 81 卷 (Volume)。ASTM 标准已经被世界上许多国家和企业借鉴和应用，诸多国际检测认证机构及各国标准化组织都采用或参照 ASTM 制定的相关标准进行产品认证。据天纵检测（SKYLABS）粗略的统计，目前世界上共有 80 多个国家引用了 ASTM 的 6 600 项标准作为制定其国标和法规的基础，其中光是中国的国家标准中就引用了 1 000 多项，行业标准则引用了 3 000 多项。

二、美国石油学会

API 是美国石油学会（American Petroleum Institute）的英文缩写，它成立于 1919 年 3 月 20 日，成立地点在美国纽约市。标准化是 API 的一个重要的工作领域，API 在石油、天然气和石油化工设备以及运行标准的制定方面，已走过将近一百年的历史。

API 现有近 700 个标准（Standards）和推荐做法（Recommended Practices），API 标准应用广泛，不仅在其国内被企业采用，而且被美国联邦和州法律法规以及运输部、国防部、职业安全与健康管理局、美国海关、环境保护署、美国地质勘查局等政府机构引用，很多已经被纳入州和联邦的法规中。API 标准也是被国际机构如 ISO、国际法制计量组织等引用得最多的标准，与此同时，有 100 多个国家及地区在制定其国家标准时，参考了 API 标准。

三、美国保险商实验室

美国保险商实验室（Underwriters Laboratories，UL）成立于 1894 年，是美国最具权威的保险机构。

UL 标准有 3/5 为美国国家标准（ANSI）采用。UL 主要制定安全标准，下设电气、防盗、事故、防火和船舶工程部，以及消费者咨询委员会。UL 在国内外从事对各种设备、系统和材料的安全试验与检查，以确定对生命财产是否存在危险，并将检查结果公之于各保险公司、政府机构及其他组织。经检查合格者，发给 UL 质量标志。UL 标志已在许多国家通行。

四、美国电气制造商协会

美国电气制造商协会（National Electrical Manufacturers Association，NEMA）成立于 1926 年，是电子设备领域的标准化制订机构。NEMA 标准是

国际上有权威的通用团体标准。NEMA 已发布了 500 多个标准，并通过环球工程公司（Global Engineering）销售 NEMA 标准、美国国家标准学会（ANSI）标准以及国际电工委员会（IEC）标准。

五、电影电视工程师协会

电影电视工程师协会（Society of Motion Picture and Television Engineers，SMPTE）是美国的一个国际性组织，它成立于 1916 年，最初名称为电影工程师协会，1950 年后改为现名，该组织制定了多项电影、电视行业的标准。

六、美国机械工程师协会

美国机械工程师协会（American Society of Mechanical Engineers，ASME）成立于 1880 年。现今已成为一家在全球拥有超过 125 000 会员的国际性非营利教育和技术组织。由于工程领域各学科间交叉性不断增长，ASME 出版物也相应提供了跨学科前沿科技的资讯。涵盖的学科内容包括：基础工程、制造、系统设计等方面。

ASME 是世界上最大的技术出版机构之一；每年召开约 30 次大型技术研讨会议，并举办 200 个专业发展课程；制定众多美国机械工程师协会的工业和制造业行业标准。现在 ASME 拥有工业和制造行业的 600 项标准和编码，这些标准在全球 90 多个国家被采用。

七、英国劳氏船级社船舶入级规范和规则

英国劳氏船级社（Lloyd's Register of Shipping，LR），也译作英国劳埃德船级社，是世界上成立最早的一个船级社，其机构庞大，历史较长，在世界船舶界享有盛名，是国际公认的船舶界权威认证机构，在军工、工程等方面也颇有名气。它主要从事有关船舶标准的制定与出版，进行船舶检验，检定船能，公布造船规则等。在许多国家的港口设有办事机构或验船师。它曾参与 ISO9000 族标准的修改和认可条例的修改。还在世界各地设有 30 多家代表处，在当地招聘审核员，从事认证工作。

第三节 国家（地区）标准组织及其质量标准

一、国家标准的含义

国家标准是"由国家标准团体制定并公开发布的标准"（ISO/IEC 第 2 号指南）。

二、主要国家标准组织及其质量标准

（一）美国标准

现行的美国标准体系，实际上由三个子体系组成，即以美国国家标准学会（American National Standard Institute，ANSI）为协调中心的国家标准体系，联邦政府机构的标准体系，非政府机构（民间团体）的标准体系。

（二）日本标准

日本标准是日本工业标准调查会（Japan Industria Standards Committee，JISC）负责制定的。

（三）德国标准和欧盟标准

德国主要的标准制定组织是德国标准化学会（Deutsches Institut für Normung e. V.，DIN），DIN 是一个非政府组织。

1. 德国标准化体系建设的主要表现特点

（1）协调性；

（2）连续性；

（3）DIN 标准具有事实法律约束力；

（4）DIN 标准兼顾德国社会各方利益。

2. 欧盟标准

新的标准统一框架将制定欧洲产品统一标准的任务授予欧洲标准委员会（Comité Européen de Normdisation，CEN）、欧洲电子标准委员会（CENELEC）和欧洲电信标准协会（European Telecommunications Standards Institute，ETSI）仅负责开发欧洲信息及通信产品的技术标准。

欧盟的安全标准主要涉及以下几个方面：

（1）卫生标准；

（2）安全标准；
（3）劳保标准；
（4）环保标准。

3. 加拿大标准

加拿大标准协会（Canada Standards Association，CSA）成立于1919年，是一个独立的私营机构，是加拿大主要的标准制定和产品认证机构，拥有8 000多名成员。其职能是通过产品鉴别、管理系统登记和信息产品化来发展和实施标准化。

第四节 我国的质量标准体系及组织

一、我国的质量标准体系

国家市场监督管理总局（State Administration for Market Regulation，SAMR）是我国的质量标准归口管理部门。该局下设国家标准化管理委员会，主管中国的标准工作；下设国家认证认可监督管理委员会，负责管理中国强制认证方面的工作；下设技术性贸易壁垒通报咨询中心，负责定期联系设在日内瓦的世贸组织技术贸易壁垒办公室。

二、我国标准的分类及标准代号

（一）标准的基础分类

技术标准——对标准化领域中需要协调统一的技术事项所制定的标准。包括基础标准、产品标准、工艺标准、检测试验方法标准，及安全、卫生、环保标准等。

管理标准——对标准化领域中需要协调统一的管理事项所制定的标准。

工作标准——对工作的责任、权利、范围、质量要求、程序、效果、检查方法、考核办法所制定的标准。

（二）我国国家标准的制定程序

我国国家标准制定程序划分为九个阶段：预备阶段、立项阶段、起草阶段、征求意见阶段、审查阶段、批准阶段、出版阶段、复审阶段、废止阶段。

(三) 我国安全认证

1. CCC 认证内容

CCC（China Compulsory Certification）认证即是中国强制认证，CCC 认证的标志为"CCC"，是国家认证认可监督管理委员会根据《强制性产品认证管理规定》（中华人民共和国国家质量监督检验检疫总局令第五号）制定的。

CCC 认证对涉及的产品执行国家强制的安全认证。主要内容概括起来有以下几个方面：

（1）按照世贸有关协议和国际通行规则，国家依法对涉及人类健康安全、动植物生命安全和健康，以及环境保护和公共安全的产品实行统一的强制性产品认证制度。国家认证认可监督管理委员会统一负责国家强制性产品认证制度的管理和组织实施工作。

（2）国家强制性产品认证制度的主要特点是，国家公布统一的目录，确定统一适用的国家标准、技术规则和实施程序，制定统一的标识，规定统一的收费标准。凡列入强制性产品认证目录内的产品，必须经国家指定的认证机构认证合格，取得相关证书并加施认证标志后，方能出厂、进口、销售和在经营服务场所使用。

（3）根据我国入世承诺和体现国民待遇的原则，这次公布的《第一批实施强制性产品认证的产品目录》（以下简称《目录》）覆盖的产品是以原来的进口安全质量许可制度和强制性安全认证及电磁兼容认证产品为基础，做了适量增减原来两种制度覆盖的产品有 138 种，此次公布的《目录》删去了原来列入强制性认证管理的医用超声诊断和治疗设备等 16 种产品，增加了建筑用安全玻璃等 10 种产品，实际列入《目录》的强制性认证产品共有 132 种。

（4）国家对强制性产品认证使用统一的"CCC"标志。中国强制认证标志实施以后，将逐步取代原来实行的"长城"标志和"CCIB"标志。

（5）国家统一确定强制性产品认证收费项目及标准。

（6）新的强制性产品认证制度于 2002 年 5 月 1 日起实施。

2. CCC 认证标志

目前的"CCC"认证标志分为四类，分别为：

（1）CCC+S 安全认证标志；

（2）CCC+EMC 电磁兼容类认证标志；

（3）CCC+S&E 安全与电磁兼容认证标志；

（4）CCC+F 消防认证标志。

(四) 主要商品质量标准体系

目前，国际上比较有影响，同时对我国纺织品出口有制约作用的标准主要有：

(1) 美国国家纺织品（ANSI）标准、美国材料与试验协会标准（ASTM）和美国染化工作者协会标准（AATCC）。

(2) 国际标准化组织制定的国际标准（ISO），这是国际上能够普遍接受的中档标准。

(3) 欧盟标准（EN），由德国国家标准（DIN）、英国国家标准（BS）和法国国家标准（NF）的一部分组成，这些国家标准中的某些部分就是欧盟标准。

(4) 其他的国家标准，如日本国家标准（PS），俄罗斯国家标准（FOOT）。

(5) 国际生态纺织品标准《Oeko-Tex Standard 100》。

(6) 一些国际大型采购商如 Marks & Spencer 自己制定的商业标准等。

(7) 欧盟 2002/61/EC 指令的主要内容。

纺织品和皮革上禁止使用经还原可裂解释放出一种或多种致癌芳香胺的偶氮染料。涉及的产品包括服装、被褥、毛巾、假发、假睫毛、帽子、尿布及其他卫生用品、睡袋；鞋子、手套、表带、手提包、钱包/皮夹、公文包、椅子包覆材料；纺织或皮革玩具和含有纺织或皮革服装的玩具；直接使用的纱线和织物。新增加两种禁用的致癌芳香胺：邻氨基苯甲醚（2-甲氧基苯胺，CAS No. 90-04 的和对氨基偶氮苯（CAS No. 60-09-3），使禁用致癌芳香胺的总数达到目前的 22 种。

第五节 社会责任认证体系简介

一、社会责任标准的产生

社会责任标准（Social Accountability 8000 International Standard，SA8000）体系（又称为社会责任管理体系）是全球首个道德规范国际标准。其宗旨是确保供应商所供应的产品，皆符合社会责任标准的要求，目的是保护劳动环境和条件、劳工权利等。

SA8000 起源于西方国家的劳工运动、人权运动、消费者运动等。20 世纪

90年代中期美国社会兴起了"反对血汗工厂"运动,要求跨国公司对其产品的生产过程负责,不得对劳工采取不人道的待遇。在这一背景下,由美国非政府组织社会责任国际(SAI)在1997年8月制定了SA8000的全球首套标准体系。

二、SA8000适用范围

SA8000标准适用于各种行业、各种规模的组织。

SA8000是作为一种国际贸易壁垒的作用产生的,因此,SA8000认证的主要客户是外贸企业。

但某些行业因为其本身的特点,以下情况被排除在SA8000适用范围之外:

(1)海事活动、渔业作业场所、离岸作业场所;

(2)没有具体业务运营的组织,如控股公司;

(3)跨境多场所组织。

三、认证标准

SA8000社会责任管理体系认证依据的标准是由美国SAI(社会责任国际组织)制定的。现行SA8000标准是SA8000:2014。

四、SA8000内容

SA8000标准的制定是基于联合国人权宣言、国际劳工组织公约、联合国儿童权利公约、世界人权宣言等核心条款以及国家劳动法律的规定。

SA8000标准包括九个章节:童工、强迫劳动、健康与安全、结社自由及集体谈判的权利、歧视、惩罚措施、工作时间、薪酬、管理系统。

第六节 课后练习题

一、单项选择题

1.目前世界上最大、最有权威性的国际标准化专门机构是( )。
A. ISO　　　B. IEC　　　C. CQC　　　D. ISTM

第九章 商品的质量标准体系及其组织

2. ISO 标准编号的一般形式为（　　）。
   A. 标准代号+年份+标准序号
   B. 标准代号+标准序号+年份
   C. 标准序号+标准代号+年份
   D. 标准序号+年份+标准代号

3. 下列哪一项不是国际公认的行业组织标准？（　　）
   A. 美国材料与实验协会标准
   B. 法国石油学会标准
   C. 美国保险商实验所安全标准
   D. 英国劳氏船级社船舶入级规范和规则

4. 欧盟的安全标准主要涉及以下几个方面，除了（　　）。
   A. 卫生标准　　　　　　　B. 安全标准
   C. 劳务标准　　　　　　　D. 环保标准

5. 下列哪一项不是中国目前的"CCC"认证标志的分类？（　　）
   A. CCC+S 安全认证标志
   B. CCC+EMC 电磁兼容类认证标志
   C. CCC+S&E 安全与电磁兼容认证标志
   D. CCC+B 消防认证标志

二、判断题

1. ISO 成立于1949年，前身为国家标准化协会国际联合会（ISA）和联合国标准协调委员会（UNSCC），是世界最大的非政府性标准化专门机构。（　　）

2. 英国劳氏船级社（Lloyd's Register of Shipping，LR）是世界上成立最早的一个船级社，是国际公认的船舶界权威认证机构。（　　）

3. SA8000，是 Social Accountability 8000 International standard 的英文简称，是全球首个道德规范国际标准。（　　）

4. SA8000 是作为一种国际贸易壁垒的作用产生的，因此，SA8000 认证的主要客户是所有企业。（　　）

5. ISO9000 质量体系标准包括了三个体系标准和八条指导方针。三个体系标准分别是 ISO9001、ISO9002 和 ISO9003；八个指导方针是 ISO9000-1~4 和 ISO9004-1~4。（　　）

三、简答题

1. ISO 的目的和宗旨是什么？

2. 国际公认的行业组织标准有哪些?
3. 我国标准的基础分类有哪些?
4. 请简单介绍 CCC 认证。
5. SA8000 标准包括哪些方面的内容?